WIENAND^S KLEINE REIHE
DER KÜNSTLERBIOGRAFIEN

WEITERE TITEL:

OTTO DIX
MAX ERNST
ALEXEJ JAWLENSKY
ERNST LUDWIG KIRCHNER
GUSTAV KLIMT
KÄTHE KOLLWITZ
WILHELM LEHMBRUCK
MAX LIEBERMANN
AUGUST MACKE
PAULA MODERSOHN-BECKER
AMEDEO MODIGLIANI
GABRIELE MÜNTER
EDVARD MUNCH
OTTILIE W. ROEDERSTEIN
CHRISTIAN SCHAD
EGON SCHIELE
MAX SLEVOGT
MARIANNE VON WEREFKIN

Pia Littmann

EMIL NOLDE

Wienand

Inhalt

Es geschieht alljährlich, daß ich mir die schönsten Theorien ausdenke, daß ich in Gedanken schon die schönsten gemalten Bilder sehe u. dann wenn ich wirklich anfange zu malen so wie alles in Gedanken zurechtgeortnet ist, dann kann ich gar nichts machen u quäle u quäle mich, bis ich schließlich ganz etwas anderes anfange, daran ich nie gedacht habe u. es geht Strich für Strich, nichts mißlingt, u. mir ist dabei so wohl u herrlich zumute. So entstanden meine Fantasieradierungen, die Märchenholzschnitte, meine Blumenbilder u. die biblischen.

Emil Nolde an Gustav Schiefler, 10. Oktober 1910, zit. nach: *Nolde im Dialog / 1905–1913. Quellen und Dokumente*, hrsg. von Stadt Karlsruhe – Städtische Galerie Karlsruhe, Quellen- und Beitragsband zur gleichnamigen Ausstellung in der Städtischen Galerie Karlsruhe, München 2002, S. 129.

Eine deutsche Legende

Emil Noldes Werk ist ein Kosmos origineller, einprägsamer Formen und Gestalten, die durch das Spiel leuchtender Farben zum Klingen gebracht werden. Thematisch sucht der Künstler das von ihm viel beschworene Ursprüngliche – und findet es, wie wir sehen werden, an ganz unterschiedlichen Orten. Nolde, der malt, aquarelliert und ebenso druckgrafisch tätig ist, begreift die künstlerische Arbeit als Prozess, die Farbe als Material und kalkuliert den Zufall dabei bewusst in die Gestaltung ein.

Ist Emil Nolde ein moderner Künstler? Das frühe 20. Jahrhundert hat eine Vielzahl avantgardistischer Stilrichtungen hervorgebracht: Manifeste wurden geschrieben, Formen und Inhalte zertrümmert, geometrisiert, parodiert. Emil Nolde, der 1907 seinen 40. Geburtstag feiert, steht da bereits in der Mitte seines Lebens. Er hat sich gründlich am Impressionismus gerieben, Vincent van Gogh bewundert und eine Weile mit den jungen Brücke-Künstlern gearbeitet.

Gegen Ende der Weimarer Republik, als sein Haus auf der Warft Seebüll fertiggestellt wird, ist der über 60-jährige Künstler ein angesehener Mann. Im NS-Staat will Nolde Staatskünstler werden. In der jungen Bundesrepublik wird er schließlich zur „deutschen Legende".

So lautet der Titel einer in Zusammenarbeit mit der Nolde Stiftung Seebüll entstandenen Ausstellung, die 2019 im Hamburger Bahnhof – Museum für Gegenwart in Berlin zu sehen war. Ausgehend von langjährigen Nachlassrecherchen wurde das Bild von Nolde im NS-Staat erstmals umfangreich in all seiner Widersprüchlichkeit offengelegt. Noldes herausragende

Rolle als widerständiges Opfer nationalsozialistischer Kulturpolitik ist ungerechtfertigt, auch wenn er als „entarteter Künstler“ eingestuft wurde. In seiner Selbsterzählung hat Nolde, der sich mit dem NS-Regime identifizierte und als Antisemit in Erscheinung trat, die spätere Popularisierung seiner „Legende“ vorbereitet und gescheiterte Anläufe zum Erhalt von Anerkennung wiederholt zum Ausdruck seines Widerstands und Eigensinns verklärt.

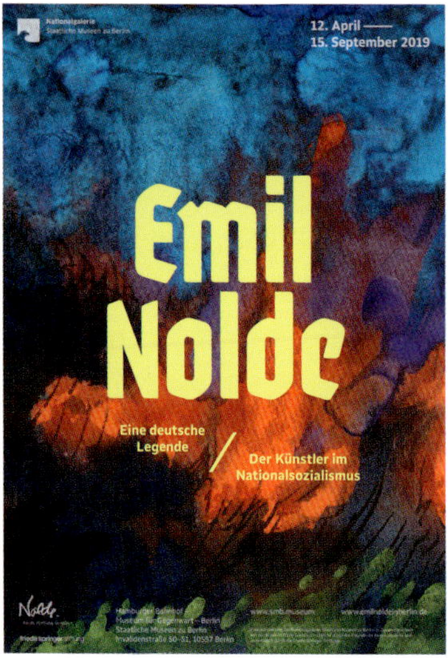

Plakat der Ausstellung *Emil Nolde – Eine deutsche Legende. Der Künstler im Nationalsozialismus* im Hamburger Bahnhof – Museum für Gegenwart, Berlin 2019

Die Gemälde *Brecher* und *Blumengarten in Alsen* im Büro der Bundeskanzlerin wurden im Zusammenhang mit der Schau abgehängt. Im Ministerium für Bildung, Wissenschaft und Kultur Schleswig-Holstein wurde zeitgleich ein Noldebild aufgehängt. Es ist wichtig, dass wir Nolde ungeschönt anschauen, denn es besteht „keine Notwendigkeit [mehr], Nolde vor sich selbst zu schützen“, wie die Nolde-Stiftung bekräftigt.

Kindheit und Lehrjahre

IN DER IDYLLE ZUHAUSE

Emil Hansen erblickt am 7. August 1867 in Nolde im Kreis Tondern im deutsch-dänischen Grenzgebiet das Licht der Welt: am Rand der nordfriesischen Marsch, im Land der hohen Himmel, dem Land zwischen den Meeren. Kurz zuvor hat das Gebiet zum Herzogtum Schleswig gehört und war Teil des dänischen Gesamtstaates. Nach dem Deutsch-Dänischen Krieg bzw. dem anschließenden Deutsch-Deutschen Krieg fällt es 1866/67 der neuen preußischen Provinz Schleswig-Holstein zu.

Emil wächst auf einem Bauernhof auf, einem von fünf, aus denen das Dorf damals bestanden haben soll. Den Vater beschreibt er als pflichtbewusst, die Mutter als die nicht ganz so tüchtige Bäuerin, die schöne Dinge mag. Emil liebt sie sehr. „Hellsichtig" sei sie gewesen, wobei ihr „all diese Gesichte" ganz selbstverständlich zum Leben gehörten. Die heimatliche „Scholle", die ihn erdet und eine Art visionäre Gabe, die ihn weit darüber hinaus fliegen lässt – das ist der Stoff, aus dem der längst arrivierte, der „schreibende" Künstler später seine Lebensgeschichte strickt.

Emil hat eine jüngere Schwester, Lena, und drei ältere Brüder: Hans, Nikolai und Leonhard. „Wohin die Entwicklung [...] wohl gegangen wäre, wenn anstatt strenger Arbeit am Elternhof städtische Bildungsmöglichkeiten ihnen geworden wären?", räsoniert Nolde im ersten Band seiner Autobiografie von 1931. An seine Kindheit erinnert er sich jedenfalls gern, sie ist geprägt vom Wandel der Jahreszeiten. An heißen Sommertagen helfen sie auf dem Feld, bis das Gewitter kommt, und dann geht es „im rasselnden Galopp" nach Hause. Im Herbst fahren sie zum Michaelismarkt nach Tondern, im Winter fegt er mit den anderen mutigen Kindern über die Eisschollen. Als Emil mit den Brüdern in der Gesindekammer tobt, will er im abgeblätterten Kalk der Wand „Gesichter und wilde Figuren" erkannt haben: Das Motiv der Fantasie klingt an, das für ihn sehr wichtig wird.

Emil besucht die Dorfschule, und zweimal in der Woche steht Zeichnen auf dem Stundenplan: Zunächst sind es Beile, Tische oder Vögel, die er den anderen vorzeichnen darf, dann auch historische Szenen nach Vorlagen, die er begeistert aufs Papier bringt. Stolz ist er besonders auf einen andächtig betenden Engel, den er nach einer Gipsfigur gezeichnet hat. Selbst die weißgetünchten Stalltüren bemalt er mit „Fuhrwerken, Menschen und Landschaften." Sein Nachbar Peter Heinsen soll dazu gesagt haben: „Aus dem Jungen muß etwas werden." Doch das fällt ihm nicht leicht.

Alle sonnige Lebensschönheit war mir genommen. Ich wurde wie in eine Wüste versetzt zur Selbstbesinnung, in schwere, menschlich kaum zu ertragende Vereinsamung.

Emil Nolde: *Das eigene Leben. Die Zeit der Jugend. 1867–1902*, Köln 2002, S. 52–53.

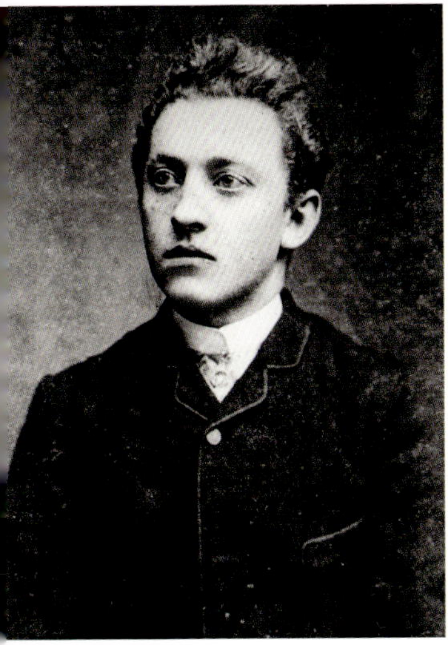

Emil Hansen (Nolde) als Lehrling in Flensburg, um 1886. Archiv der Nolde Stiftung Seebüll

ZUKUNFTSAUSSICHTEN

Folgt man seinen Erinnerungen, ist aus dem fröhlichen Jungen, den auch die Mädchen so mochten, auf dem Weg zum Erwachsensein ein „absonderlicher Mensch" geworden, dem ständig Stimme und Glieder beben. Die Suche nach sich, sie bleibt ihm lange – und sie führt ihn fort: Emil will nicht in der Landwirtschaft arbeiten wie seine Brüder. Auch Schlachter oder Tischler mag er nicht werden. Sondern vielleicht Missionar? Er liest gerne in der Bibel, weil ihm die starken Worte darin gefallen. Doch stärker ist dieser Wunsch: „Kunstmaler"! Zunächst gibt er sich mit einem Kompromiss zufrieden. Als er 1884 eine Ausbildung zum Zeichner und Holzbildhauergehilfen in Heinrich Sauermanns Möbelfabrik in Flensburg aufnimmt, kommt er als erster seit Generationen in die Welt hinaus. Und die ist im Wandel: Sauermanns Fabrik steht ganz im Zeichen der Kunstgewerbebewegung, die auf die Industrialisierung reagiert, welche in alle Lebensbereiche ausgreift. Angesichts der „entseelten Form" maschineller Produktionen soll das Handwerk gestärkt und der Geschmack gerettet werden. Am Horizont erscheint schon der Jugendstil, die Stilwende, die für eine neue Zeit auch neue Formen fordert. Jetzt jedoch schaut man noch auf die Vergangenheit, es ist die Ära des Historismus. Sauermann will seine Möbelfabrik in eine Kunstgewerbeschule verwandeln, und seine Lehrlinge müssen sich unter Anstrengungen das klassisch-antike

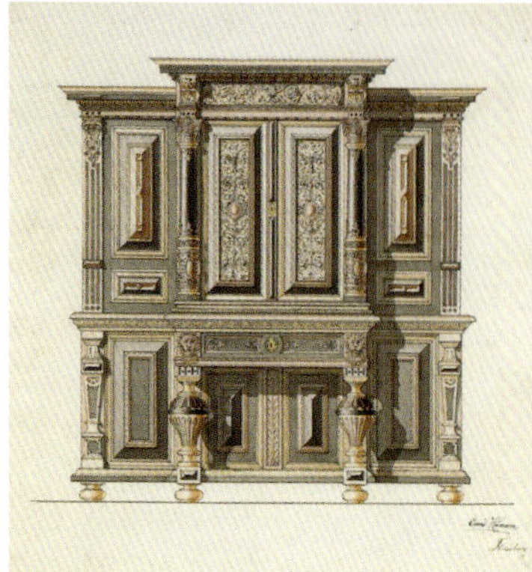

Dreiflügeliger Schrank, 1888, Federzeichnung, koloriert, 32,8 × 30,8 cm

Formenvokabular erarbeiten. Doch auch die Restaurierung steht selbstredend auf dem Programm, und in Emils erstem Lehrjahr wird der mächtige Bordesholmer Altar (1514–21) von Hans Brüggemann ausgebessert. Ist es die Schönheit des Handwerks oder die der Kunst? Der Lehrling jedenfalls „schaut voll Begeisterung alles an", er darf die „figurenreichen Figuren mit Spiritus abwaschen. Ja sogar auch fehlende Hellebarden und Schwerter der Kriegsknechte schnitzen." Mit dem Schnitzen selbst hat er lange zu kämpfen. Erst als seine Ausbildung bei Sauermann schon dem Ende zugeht, schnitzt Emil mit Geschick und Routine, was immer verlangt wird: Ornamente, am liebsten jedoch Figürliches, Tiere, Engel oder Karyatiden. Sein Meister muss zufrieden sein, zuletzt lässt er ihm einen ganz besonderen Auftrag zukommen: Vier Eulen soll er für einen Schreibtisch im Renaissancestil schnitzen – ein Geschenk zum 70. Geburtstag des Dichters Theodor Storm. Am Ende der Ausbildung stehen Entwürfe wie die sorgfältig kolorierte Federzeichnung eines dreiteiligen Schrankes, der mit seinen Gesimsen, Säulchen, Pilastern und Löwenköpfen wie eine prunkvolle Haus- oder gar Tempelfassade aussieht. In sein Skizzenbuch hat Emil auch eigene „Reiter- und Figurengruppen" gezeichnet, doch vor dem kopfschüttelnden Meister schnell wieder wegradiert: „Freie Kunstäußerungen, als erste Schritte, waren während dieser Jahre nur wenige", resümiert er die frühen Jahre.

Ich arbeitete tags an der Schnitzbank und die Nächte träumend auch. Mit der Energie eines Fanatikers bereitete ich mich auf Höheres vor.

Emil Nolde: *Das eigene Leben. Die Zeit der Jugend. 1867–1902*, Köln 2002, S. 74.

1888 führt ihn die Gesellenwanderung zunächst nach München. Gelangweilt von seiner Anstellung bei dem königlichen Hofmöbelfabrikanten Anton Pössenbacher sucht er lieber die katholischen Kirchen auf, die „riesengroß und himmelhoch" sind. Die farbenprächtige Ausstattung und feierliche Atmosphäre befremden ihn – doch sie berauschen ihn auch. Er bestaunt das Kunstgewerbe im Münchner Nationalmuseum, den Weg in die Pinakothek findet er noch nicht. In Karlsruhe, seiner nächsten Station, kommt er in der Möbelfabrik Ziegler & Weber unter. Die Pilaster für den Großen Saal des Heidelberger Rathauses gelingen ihm so gut, dass die älteren Gesellen ganz missmutig werden. Ja, er kann was, und er will noch viel weiterkommen.

Also belegt er Abendkurse an der Kunstgewerbeschule und wechselt im Winter 1888 in die Tagesklasse, studiert jetzt vollberuflich. Auf dem Lehrplan stehen Perspektive, Anatomie und Abzeichnen: „Renaissance, Barock, Rokoko." Alles nicht ganz neu für Emil, doch seine frei entworfenen „phantastische(n) Türen und Tore" radiert der Lehrer einfach weg wie vor ihm der alte Sauermann. Früh übt sich, wer ein Meister werden will – das vergisst er nicht zu betonen.

Im Herbst 1889 geht Emil nach Berlin. Wilhelm Johannsen, mit dem er bei Sauermann gelernt hat, ist schon da und jetzt Kunstgewerbeschüler. Sie wohnen zusammen in der Wilhelmstraße. Emil zeichnet fleißig, und seine Entwürfe für Stuckornamente und -figuren bringen etwas Geld. Sonst sieht es schlecht aus, für beide übrigens. Kommt das Monatsgeld des Freundes, wird gefeiert „wo es am wüstesten ist", in den „Destillationen" und „Sing- und Negerkabaretts", wo Emil eine „Dunggrube" findet, aus der später „Lilien und Rosen blühen wollten." Später, ja. Doch gerade sucht er finanzielle Unterstützung bei einer Fachvereinigung, soll dafür politisch angeworben werden: „sozialistisch, kommunistisch, anarchistisch" – damit habe er nichts anfangen können. Über den Architekten Willy Fleck kommt Emil später zur Möbelfabrik J. C. Pfaff, wo er souverän abruft, was er gelernt hat. Das geht bis hin zu den „Rokokoornamenten für die Umrahmung zuckersüßen Bildern für Salons der Bremer Lloyddampfer". Aber es geht ihm nicht gut. Der Arzt vermutet „Lungenschwindsucht", vielleicht auch, weil die jetzt in Mode ist. Emil fährt nach Hause, Heilung suchend. Dort fällt er auf, weniger im Guten jedoch: „die Leute in der Großstadt werden verdorben, oder sie sterben an Schwindsucht!" – sagen die Leute. Er kommt auf die Beine, kehrt zurück nach Berlin und sieht in der Kunstgewerbeschule eine Ausschreibung am Schwarzen Brett.

Von St. Gallen nach Paris

1892 flattert die Zusage ins Haus: Emil soll Lehrer für gewerbliches Zeichnen und Modellieren am Industrie- und Gewerbemuseum in St. Gallen werden! Den Vater erreicht die Nachricht auf dem Sterbebett. „Eine befriedigende Lebensstellung", endlich. Den Schülern ist Emil zugewandt; den jungen Frauen gegenüber – viele angehende Lehrerinnen sind in seiner Klasse – fühlt er sich unbeholfen. Fachlich ist er ganz in seinem Element und mit Ernst bei der Sache. Den erwartet er auch von seinen Schülern: „Das Unangenehmste beim Unterrichten war mir, wenn der Schüler mit seiner Aufgabe sogleich immer fertig war und sogleich immer wieder, und diese nur ein oberflächliches Gewisch war."

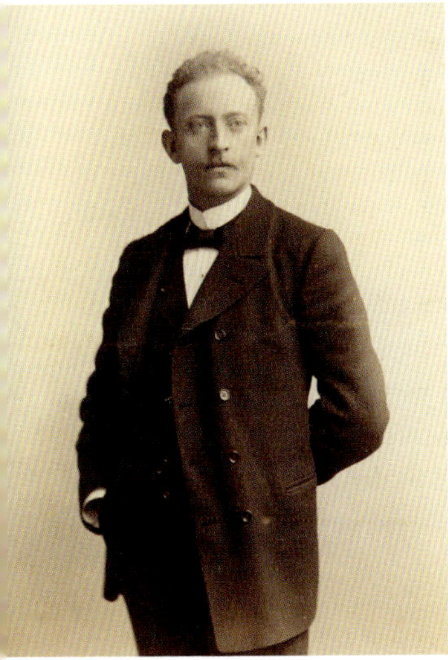

Emil Hansen (Nolde) während seiner Lehrtätigkeit in St. Gallen, um 1896. Archiv der Nolde Stiftung Seebüll

Sein Ziel hat er nicht aus den Augen verloren: „Je größer die verliehene Künstlergabe, umso weniger Ausbildung genügt; große Künstlernaturen finden unbeirrt ihren Weg," notiert er sich wohl schon damals. Seine frühen **Aquarelle*** sind in ihrer realistisch geprägten Malweise eher unscheinbar, haben jedoch ihre Eigenarten. In *Hof der Eltern* etwa fällt das experimentelle Schwanken zwischen der detaillierten Wiedergabe der menschgemachten Gegenstände und der abstrakten Darstellung der natürlichen Elemente Reet und Rasen auf.

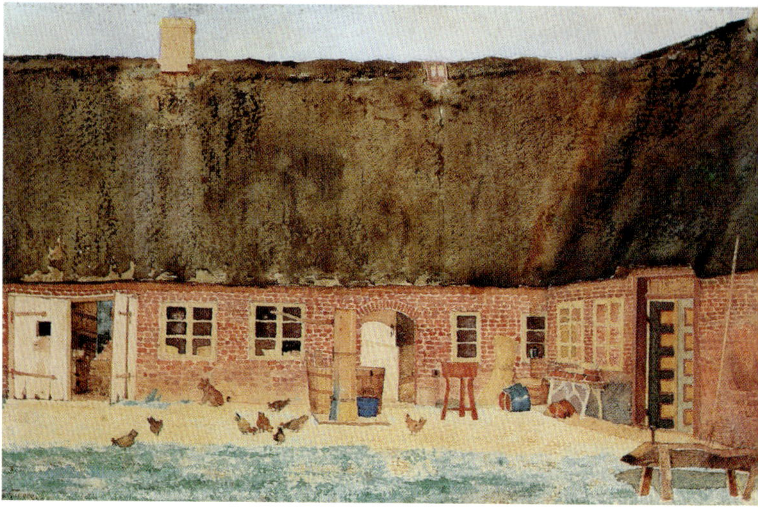

Hof der Eltern (Innenhof), o. Dat., Aquarell, 27,8 × 44,5 cm

Es ist nicht alles Arbeit und nicht alles Kunst. Das Leben in St. Gallen ist in gewisser Weise sehr angenehm. Sonntags zieht Emil mit den Kollegen durch Berg und Tal, von einer Wirtschaft zur nächsten. Er ist kein allzu guter Unterhalter, bleibt dennoch auch dem Tanz nicht fern, macht Rodelfahrten mit und reist mit der Kegelgruppe nach Mailand. Gesellschaft lässt er sich bisweilen gut gefallen.

Einer seiner Schüler wird ein Freund fürs Leben: Der sieben Jahre jüngere Hans Fehr, der sich später in der Rechtsgeschichte einen Namen macht. Manches Mal wird Fehr dem Maler zur Seite springen, zumal in finanzieller Not. Ein Freund in dieser Zeit ist auch der Jurist Max Wittner, der ihn bewundert und ihm auf seinem Weg gut zuredet. Emil hängt an dem kultivierten, klugen Mann, seine „Fremdrassigkeit" fasziniert ihn. Wittner ist Jude und als die Freundschaft später zerbricht, wird er den Grund darin ausmachen – das ist noch ein anderes Kapitel.

Es war mir wie unfassbar, dies zu können. Solches in dieser freien eigenen Laune hatte vor mir noch keiner gemalt oder gezeichnet. Ich wusste es, dass ich Künstler werde – und kein schlechter, denn wenn ich dieses könne, werde ich auch noch mehr können: alles, was mir noch Sehnsucht und Problem war.

Emil Nolde: *Das eigene Leben. Die Zeit der Jugend. 1867–1902*, Köln 2002, S. 140.

Immer wieder zieht es ihn in die Natur. Emil reist durchs Appenzeller Land, und er erkundet die Alpen, deren mächtige, urgewachsene Erscheinung ihn fasziniert. Bei seinen Streifzügen sucht er die Herausforderung, ja selbst das Risiko. Unter anderem erklimmt er die Jungfrau, den Monte Rosa und 1896 das Matterhorn – das steht sogar in der Zeitung. Nachts träumt Emil, wie er „rasend schnell durch die Luft saust", auf den Gletscher prallt, tot ist: Da will einer hoch hinaus und hat doch Angst vorm Fall. Dann kommt ihm im Lötschental der Einfall, die „grotesken Nordabhänge ins Märchenhafte" zu übertragen. So entstehen ab 1894 seine „Bergriesen", farbige Zeichnungen, Aquarelle oder Gouachen, in denen die Gipfel markante, oft skurrile menschliche Züge annehmen. So wie die bekannte Berner Gipfelkette „Jungfrau, Mönch und Eiger", die Nolde in ein bizarres Trio verwandelt: Zu seiner rechten Seite wird der pausbackige „Mönch" von einer anmutigen Schönheit mit Nerz und Schleier umschmeichelt und zur linken von einem grinsenden Eiger mit spitzem Gesicht flankiert.

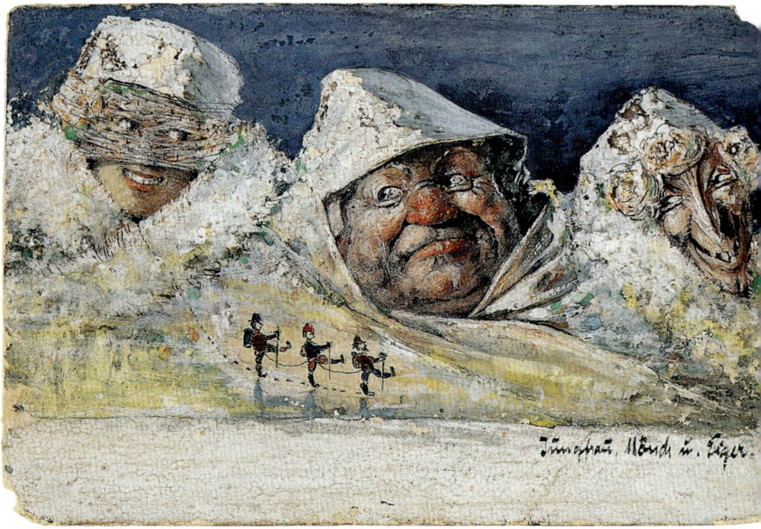

Jungfrau, Mönch, Eiger, aus der Reihe der Bergpostkarten, Nr. 7, St. Gallen 1894, Mischtechnik, 8,8 × 13,6 cm

Die Darstellungen drücken die Sehnsucht nach einer Kunst aus, die über die bloße Abzeichnung der Natur hinausgeht und unter die Oberfläche des Sichtbaren vordringt. Wenn er die Naturformen mit der sprudelnden Quelle seiner Fantasie verbinden kann, stehen ihm ganz neue Bildwelten offen. Emils Drang zur künstlerischen Selbstentfaltung wird größer, er ist des Brotberufs überdrüssig. Um sich ein Bild des Künstlerlebens zu machen, sucht er unter anderem Lovis Corinth in Appenzell und Carl Ludwig Jessen in Deezbüll auf. Er erwägt Möglichkeiten, sich als Ateliergehilfe bei Franz von Lenbach oder Adolph von Menzel zu verdingen. Und Geld bräuchte er, wofür er selbst einen begüterten Schüler anschreibt – alles vergebens. Derweil verschickt er seine *Bergriesen* als Postkarten an Freunde – und erhält begeisterte Rückmeldungen. Zwei Karten werden in der neu gegründeten Münchner Kunst- und Literaturzeitschrift *Jugend* publiziert. Emil hat einen Nerv getroffen. Seine krausen Berggesellen kommen dem Geschmack des Fin de Siècle am Mystisch-Spirituellen entgegen, für das beispielhaft die **symbolistische*** Bildsprache des von ihm bewunderten Künstlers Arnold Böcklin steht. Täglich eingehende Anfragen bewegen ihn dazu, einen Kredit aufzunehmen und 100 000 Karten drucken zu lassen. Die Rechnung geht auf: Der Erlös von 25 000 Franken gibt ihm nun die Gelegenheit, sich ganz auf die Kunst zu konzentrieren.

1897 bewirbt er sich an der Akademie der Bildenden Künste in München, wo er jedoch abgelehnt wird. So geht er stattdessen an die private Malschule von Friedrich Fehr und im folgenden Jahr zu Adolf Hölzel nach Dachau. Sie studieren im Freien, und Emil malt Moos – so täuschend echt sieht es aus, dass ein echtes Büschel, ans Bild gehalten, nicht davon zu unterscheiden ist. „Kein Kunstwerk, höchstens ein Kunststück," urteilt er. Und: „Je weiter man sich von der Natur entfernt und doch natürlich bleibt, umso größer ist die Kunst." Das für sich selbst umzusetzen, das Finden der eigenen Bildsprache, wird ihn noch lange beschäftigen. So kann es nicht schaden, sich etwas bei den Großen umzuschauen. Emil fertigt Kompositionsskizzen nach Künstlern an, die er bewundert. Buchstäblich vollzieht er so die Bilder von Arnold Böcklin, Adolph von Menzel, John Constable oder James McNeill Whistler nach, auch Max Liebermann knöpft er sich vor.

Meine Auffassung, daß eine Richtung nicht Kunst bedeutet, daß nur der einzelne Künstler Kunst schafft, fand ich wie bestätigt.

Emil Nolde: *Das eigene Leben. Die Zeit der Jugend. 1867–1902*, Köln 2002, S. 201.

Emil ist rastlos, er will mehr sehen, mehr kennenlernen. In Dachau hat er die Malerin Emmi Walther getroffen. Mit ihr reist er im Herbst 1899 nach Paris, er will dort an der Académie Julian studieren. Er trifft die beiden deutschen Künstlerinnen Paula Becker und Clara Westhoff und verbringt kurzweilige Stunden – Montmartre, Montparnasse, allerfeinste Delikatessen – mit seinem Freund Fehr, der als Attaché an der Schweizerischen Gesandtschaft in der französischen Hauptstadt weilt. Von seinen Lehrern will Emil nicht viel gelernt haben. Doch auf der Weltausstellung, die 1900 in Paris stattfindet, hat er sich gründlich umgeschaut ebenso wie im Louvre, wo die Bilder der alten und der jüngeren Meister hängen.

Markante Positionen hebt er lobend heraus: Tizian, Giorgione, Rembrandt, David, Courbet oder Manet. Ja, auch ihn lässt er gelten. Sonst fehlt ihm der jüngeren Kunst gegenüber jedoch der (zeitliche) Abstand, und so kann er den stilbildenden Aspekt des **Impressionismus*** kräftig verurteilen – alles süßlich, verwässert, nichts für Emil Hansen! Und doch muss er sich künstlerisch selbst davon emanzipieren. Emanzipation ist auch gutes Stichwort für die Beziehung zu Emmi Walther. Sie ist nicht bereit, sich Emil und seiner Kunst unterzuordnen. Im September 1901 schreibt sie ihm: „Um Deine eigenen Worte zu brauchen – ‚nur die, die Alles, Alles im Leben der Kunst ihres Mannes unterordnen kann, ist allein die Befähigste'." Das wird eine andere Frau.

Unterwegs an Nord- und Ostsee

DIE GROSSE LIEBE

Zwischen 1900 und 1903 ist Emil in Kopenhagen zu finden, wo er ein Atelier im Holckenhus am Dantes Plads gemietet hat, gleich gegenüber dem lebhaften Tivolipark. Im ersten Winter besucht er die Klasse von Kristian Zahrtmann an der modernen, 1882 gegründeten Kunstnernes Frie Studieskoler. Zahrtmann ist für seine ausdrucksstarken Figurenbilder bekannt und gilt als kühner Kolorist. In Noldes Autobiografie findet das Studium dort keinen Niederschlag, nur den, dass Probleme mit den Augen ihn von häufigeren Besuchen abhielten. Er wird geplagt von „verzweifelnden Gedanken, die quälend um und um mein elendes ‚Ich' sich drehen." Dieses „Ich" hadert nicht nur mit seiner Rolle als Künstler, sondern auch mit der Liebe.

Ich hatte zu dieser Zeit schon unendlich viele Gesichte, wohin ich schaute, die Natur war belebt, der Himmel, die Wolken, auf jedem Stein und zwischen den Zweigen der Bäume, überall regten und lebten in stillem oder wildem Leben meine Gestalten, die mich in Begeisterung versetzten und auch plagend nach Verbildlichung riefen.

Emil Nolde: *Jahre der Kämpfe. 1902–1914*, Köln 2002, S. 14.

Emil ist 33 Jahre alt und sehnt sich nach der Frau an seiner Seite! Im Fischerdorf Hundested auf Seeland, wohin er sich zum Malen begeben hat, wird er sie nun kennenlernen: Adamine Frederike Vilstrup, Tochter eines Pastors und angehende Schauspielerin, der er erstmals an der Seite ihres smarten Begleiters Knud Rasmussen, dem späteren Polarforscher, begegnet. Schon bald schreiben

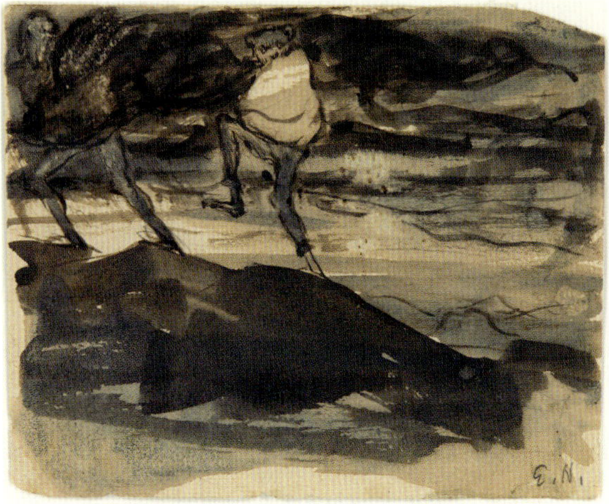

Dünenspuk, 1901, Tusche, Pinsel, 9,5 × 11,9 cm

sie sich verliebte Briefe, Emil und Ada – die hübsche junge Frau, die zu seiner Überraschung Interesse an dem unfertigen Maler zeigt.

Im Sommer 1901 fährt er nach Lild Strand, einem kleinen Fischerdorf auf der Nordjütischen Insel Vendsyssel-Thy. Emil macht Spaziergänge am Meer und in den Dünen, durchstreift die Landschaft. Er ergeht sich in der Einsamkeit, notiert sprudelnde Gedanken und verschickt sie an Freunde und die geliebte Mutter. Die antworten mit teilweise beunruhigten Nachfragen zu Emils geistiger Verfassung. Doch um die steht es nicht so schlecht, Emil macht sich die schäumende Fantasie auch zeichnerisch zunutze.

In den Arbeiten, die in Lild Strand entstehen, nutzt er die Weite der Meereslandschaft – „wo ein Pfahl ein Monument wird" – als Bühne, auf die sich Seltsames und Unheimliches frei hineindenken lässt. Er zeichnet groteske Gestalten, urwüchsig wie die Natur selbst, so wie die zwei Gesellen mit langen Beinen und Tiergesichtern in *Dünenspuk*. In Szenen wie diesen mögen sich

Vor Sonnenaufgang, 1901, Öl auf Leinwand, 84 × 65 cm

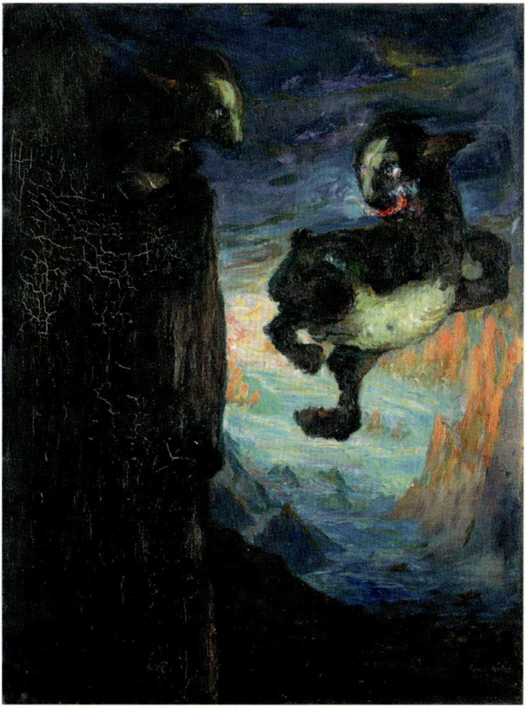

versponnene Träumereien mit sensibel aufgenommenen Naturerfahrungen vermischen: die Gestalt des tanzend-flimmernden Lichts auf dem Wasser, der nahenden Schatten in der Dämmerung oder die Regung eines Tieres in seiner impulsiven Kreatürlichkeit. Ähnliches mag für das Gemälde *Vor Sonnenaufgang* gelten, das er, neben den *Bergriesen* (1895/96), lange als sein bestes Bild betrachtet.

Bleibt Emil dem Motivspektrum der realen Welt verhaftet, wie in seinen Bildern der Bauern oder Meereslandschaften, stellt sich nach wie vor die Frage, wie er die inneren Bilder mit dem äußeren Sehen, den äußeren Erscheinungen verbinden soll. Er schaut in der Natur und grübelt.

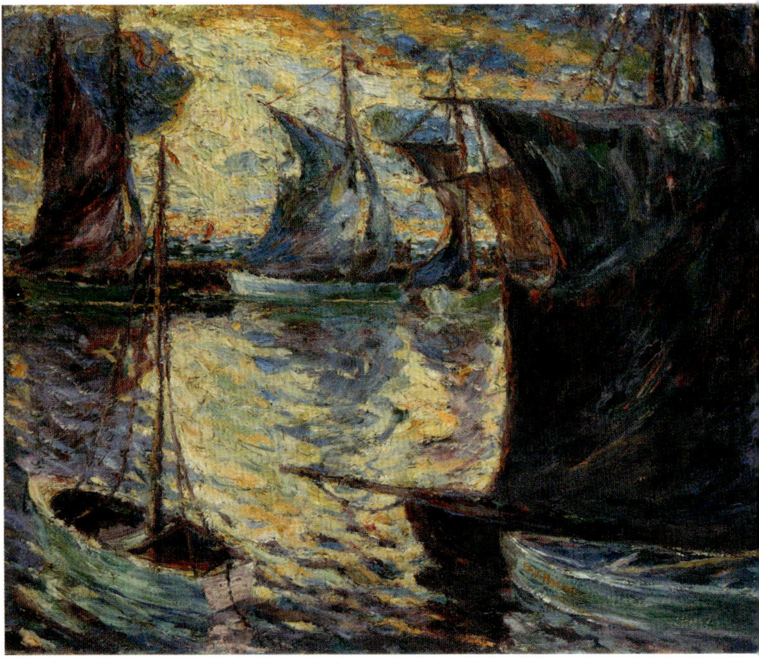

Segeltrocknen im Fischerhafen, 1904,
Öl auf grober Leinwand (Sackleinen), 86 × 106 cm

Ein impressionistischer Moment. In dem Gemälde *Segeltrocknen im Fischerhafen* lässt Hansens (Noldes) Erkunden der Licht- und Farberscheinungen den impressionistischen Ansatz erkennen. Die ruhig daliegenden Segler rahmen die Komposition ein und geben mittig den Blick auf das Wasser frei. Spannung erhält die sonst wenig ereignisreiche Szene durch die geschickte Gegenüberstellung von Licht und Schatten: Vorne rechts dominiert das dunkle, flächige Segel, in der Bildmitte hingegen das hell flimmernde Licht, das sich im Wasser spiegelt. In das erleuchtete Meer fällt der oval ausgreifende, bläuliche Schatten des weiter hinten vertäuten Schiffes. Zumal im Bereich des bewegten Wassers ist der Farbauftrag offen und sucht die irisierende Lichtsituation zu fassen.

Eine Sache ist derweil entschieden: Am 25. Februar 1902 haben sich Ada und Emil in Kopenhagen das Jawort gegeben. In seinem Heimatdorf, das die Frischvermählten aufsuchen, foppen sie ihn, dass ihn das wohl einige Flaschen Sekt gekostet hat – eine adrette Schauspielerin, das haben sie dem eigensinnigen Kerl wohl nicht zugetraut. Doch Ada spürt, dass dieser Mann der Richtige ist. Sie sucht das Besondere und wird ihr ganzes Leben tatkräftig an seiner Seite stehen: „Die Sehnsucht nach etwas Großem, nach einem Leben über das alltägliche hinaus, nach einem Leben welches Einsatz erfordere. Ich hatte geglaubt, daß ich selbst diesen Zustand schaffen könnte, aber durch diesen Künstler, den Maler Emil Hansen aus Nolde, lernte ich zu erkennen, was dazu gehörte, um wirklich zu schaffen, mit einer wie großen Begabung man ausgestattet sein müßte, – und dann gab ich mein Leben in seins, damit das größere zur vollen Entfaltung kommen könnte."

EIN SCHWERER START INS EHELEBEN

Mit der Eheschließung legt sich Emil einen neuen Namen zu: Nolde, und der fühlt sich jetzt bereit für den nächsten Schritt: Berlin, er will es erneut versuchen. Doch das angemietete Atelier in der Hubertusallee ist teuer und kalt. Seine Bilder, die er bei der Berliner Secession einreicht, werden abgelehnt. Ada und Emil müssen es anders probieren. Im Herbst 1902 ziehen sie nach Flensburg in den Marienhölzungsweg 17, über der Haustür hängen die *Bergriesen*, sein erstes Gemälde. Doch auch hier geht es mit Malen nicht recht voran. Und sie fühlen sich allein. Ein erneuter Tapetenwechsel soll das ändern. Im Frühjahr 1903 bricht das Paar zur Ostseeinsel Alsen auf, wo sie zunächst in Notmarksskov zwei kleine Zimmer mieten. Bald erhalten sie Besuch von Hans Fehr und dessen frisch gebacke-

„Siehst du Linien, siehst du Formen, siehst du Flächen oder Farben?“ Und ich war der Meinung, daß die Form verstandlich gefaßt werde, die Farbe gefühlt, gesehen, und daß Linie und Fläche in Architektonisches hinüberleiten.

Emil Nolde: *Das eigene Leben. Die Zeit der Jugend. 1867–1902*, Köln 2002, S. 212.

ner Ehefrau Nelly und erleben eine wunderbare Zeit. Sonst sieht die Realität jetzt anders aus. Das Kapital aus dem Verkauf der Bergpostkarten ist aufgebraucht. Sie haben noch ein kleines Haus gefunden, zur jährlichen Miete bei einem Fischer, und Nolde hat sich eine Bretterbude errichtet, sein Atelier, direkt am Meer. Sonst lebt das Paar von der Hand in den Mund, kommt nur gerade so durch – vor allem mithilfe von Fehr, der ihnen monatlich Geld überweist. Ada will sich im Herbst 1904 mit einer Varieté-Nummer in Berlin versuchen, erleidet in ihrer Unterkunft jedoch einen Zusammenbruch. Auf ärztlichen Rat fahren sie sechs Monate in den Süden: nach Taormina auf Sizilien. Geld geben wieder Fehr und Otto Wetter, ein betuchter Freund aus Schweizer Tagen. Ein paar Gemälde entstehen, doch Nolde fühlt sich offenbar nicht sehr wohl in Italien, und Adas Gesundheitszustand bleibt fragil. Genaue Diagnosen sind nicht bekannt, von einem „Niederleiden“ ist bisweilen die Rede.

Bewegte Jahre: 1904–1914

FARBENDELIRIUM

Um seine finanzielle Situation zu verbessern, bewirbt sich Nolde um die Leitung des Flensburger Kunstgewerbemuseums, jedoch ohne Erfolg. 1904 ist er auf der Jahresausstellung im Flensburger Museum mit den Gemälden *In der Räuberstube* und *Sommernacht* vertreten, auf der *Großen Kunstausstellung* in Dresden unter anderem mit *Froschteich* und *Milde Stimmung am Meer*, die Erich Heckels Interesse wecken, und in Leipzig richtet ihm der **Kunstverein*** seine erste Einzelausstellung aus. So richtig gezündet hat das alles bislang nicht. Berlin wäre wichtig. Dahin pendeln Ada und Emil mittlerweile in den kalten Monaten. Nolde hat die Hauptstadt noch nicht für sich aufgegeben, im Gegenteil. Im September 1905 sollen einige Gemälde im Kunstsalon von Paul Cassirer gezeigt werden. Ada, der die Italienreise keine echte Besserung gebracht hat, kurt in der modernen Frauenklinik von Dr. Oskar Weiss in Hilchenbach, Hans Fehr bezahlt auch das. Nolde reist derweil nach Berlin und kommt in einer Pension am Lützowplatz unter. Zur nächtlichen Stunde entstehen dort acht Radierungen, seine *Phantasien*: Seltsame Zusammen-

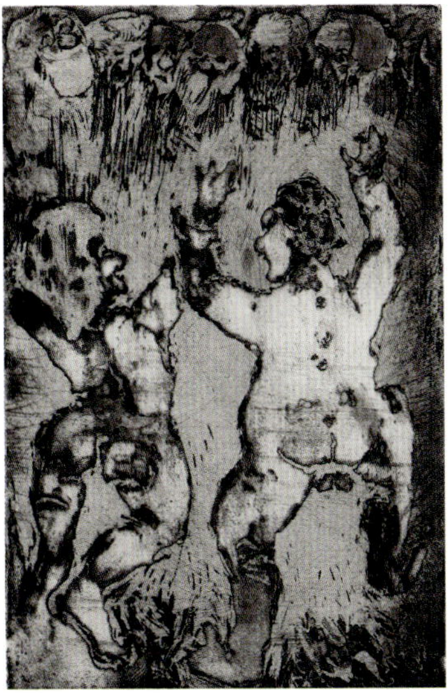

Lebensfreude, Blatt 4 aus der Mappe *Phantasien*, 1905, Strich- und Tonätzung, Kupferplatte, 17,9 × 12 cm

künfte sind das von grotesken Geschöpfen. Sie treten in Gruppen auf, zuweilen auch zu zweit, und immer bemächtigen sie sich des ganzen Raums: Es wirbt ein beleibter Mann um eine schlanke Dame, ein altmodisch gewandeter Kauz redet auf seine Handpuppe ein, da feiern tanzende Kerle mit emporgereckten Armen die „Lebensfreude". Geradezu psychologisch muten diese Szenen an. Und echt wirken sie, echt gefühlt. Ebenso wichtig wie die Idee ist die technische Umsetzung: „Ich arbeitete, kratzte und **ätzte***, daß alles um mich herum, Wäsche, Tapeten, Kleider, mitleidend war." Die Gesichter und einzelne Details werden durch Linien stärker präzisiert, sonst arbeitet Nolde vor allem flächig und legt es auf vielfältige Hell-Dunkel-Kontraste an. Sind die Platten dem Säurebad entnommen und aufs Papier gebracht, begutachtet er entzückt die erzielten Tonwirkungen. Bisweilen arbeitet er mit der Kaltnadel nach, aber auch die eigenen Finger kommen auf der Radierplatte zum Einsatz. Die Suche nach seiner künstlerischen Handschrift – er setzt sie in der Druckgrafik fort, lotet neue Spielformen von Linien, Flächen und tonalen Wirkungen aus. Einzelne Blätter schickt er an Ada und notiert skeptisch: „Aber die Blätter sind vorläufig nur für Künstler und ganz verstehende Menschen, deshalb ist auch nicht gleich mit einer bedeutenden materiellen Ausbeute zu rechnen." So kommt es auch. Die Mappen, die an zahlreiche Kupferstichkabinette verschickt werden, kehren alle zurück. Tenor: „Es sind keine Radierungen." Das dürfte gesessen haben, doch was muss sich Nolde in diesen Jahren nicht alles anhören: „blutiger Anfänger", „Rohheit der Mache", „plumpeste Impotenz", „Varietéschnellmalereien", „Farbendelirium" und so weiter – so fasst er die saftigsten Attacken später nicht ohne Kalkül zusammen: Da hat sich einer durchgekämpft.

Frühling im Zimmer,
1904, Öl auf Leinwand,
88,5 × 73,5 cm

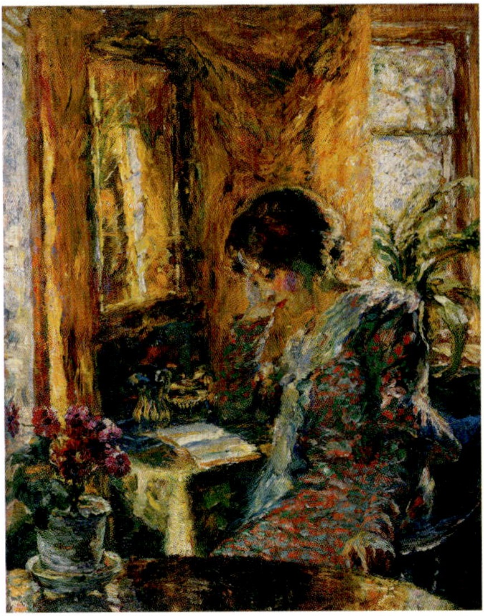

Widerstand gibt es vor allem in Berlin. Dort ist der Impressionismus nach wie vor prominent, namentlich vertreten durch die Secession unter Vorsitz von Max Liebermann. Nolde stellt dort 1903 sein Gemälde *Froschteich* und drei Jahre später den *Erntetag* aus, dazu gibt es die Geschichte, Paul Cassirer habe es, damit es überhaupt gezeigt werde, über der Klosetttür aufgehängt. Bis 1907 stellt er gelegentlich noch Grafiken aus. Mehr ist nicht drin.

Paul Gauguin, Vincent van Gogh und Edvard Munch – mit ihren farbintensiven Werken voller emotionaler Wucht und Symbolik – beeindrucken, aber verunsichern Nolde auch. Wird auch er so weit kommen? In der Dresdner Galerie Arnold präsentiert er im Januar 1906 seine „damals besten Bilder". Dazu zählt auch das Gemälde *Frühling im Zimmer*, das wenig später Karl Ernst Osthaus erwirbt – zu diesem später mehr. Es zeigt noch den impressionistischen Ansatz und Noldes Interesse am Licht, das den Raum durchflutet und das neu erwachte Leben

Der Kunstsalon Cassirer und die moderne Kunst in Berlin

Am 1. November 1898 eröffnen die Cousins Paul und Bruno Cassirer die Bruno & Paul Cassirer Kunst- und Verlagsanstalt, die bis 1934 in der Viktoriastraße 35 in Berlin ansässig ist. Seit der Gründung des deutschen Kaiserreiches 1871 und dem Einzug des Industriekapitals hat sich die Stadt in kurzer Zeit in eine Metropole verwandelt. Im Jahr 1900 zählt Berlin bald an die zwei Millionen Einwohner. Seit dem Frühjahr 1899 sind die Cassirers im Vorstand der kurz zuvor gebildeten Berliner Secession. Die richtet sich gegen die Akademie der Künste und speziell die Ausstellungspolitik des Vereins Berliner Künstler und der Großen Berliner Kunstausstellung – kurzum gegen das Establishment. Präsident der Secession ist Max Liebermann, ein hochangesehener Maler, der sich ab den 1890er-Jahren verstärkt dem Impressionismus zugewandt hat. Wichtige Mitstreiter für die moderne Kunst, zumal den Impressionismus, sind der Kunstkritiker Julius Meier-Graefe und Hugo von Tschudi. Der ist seit 1896 Direktor der Berliner Nationalgalerie und wegen seiner modernen Einkaufspolitik dauernd im Konflikt mit Kaiser Wilhelm II., der seinen konservativen Kunstgeschmack geltend macht.

Ab 1901 gehen die Cassirers getrennte Wege. Bruno ist mit dem Verlag in die Derfflingerstraße 15 in Berlin-Tiergarten gezogen, während Paul den Kunstsalon weiterführt. Alleine zwischen 1898 und 1905 finden dort 59 Ausstellungen statt. In der Berliner Bourgeoisie findet der Galerist, der selbst aus einer vermögenden jüdischen Unternehmerfamilie stammt, interessierte Kunden – die aufstrebende (Kunst-)Metropole ist offen für Neues. Der Ausstellungsauftakt mit Werken von Edgar Degas und Max Liebermann ist programmatisch. Neben den deutschen

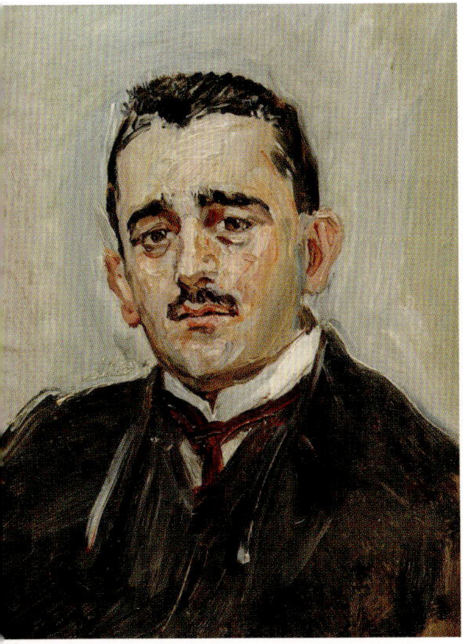

Max Slevogt, **Bildnis des Verlegers Bruno Cassirer**, 1911, Öl auf Holz, 41 × 31,5 cm

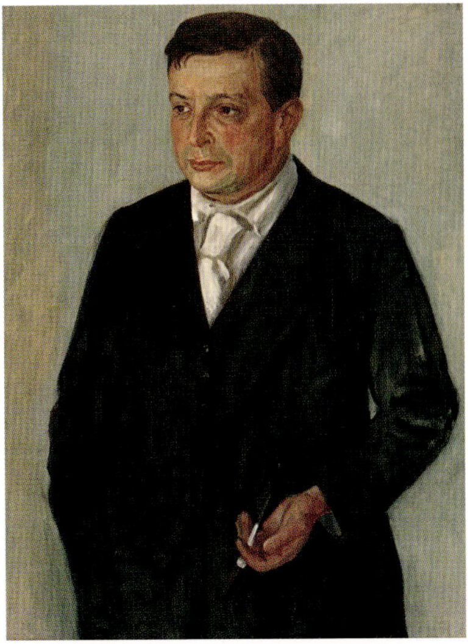

Leopold Graf von Kalckreuth, **Bildnis Paul Cassirer**, 1912, Öl auf Leinwand, 61 × 46 cm

Sezessionskünstlern, etwa Lovis Corinth, Max Slevogt oder Walter Leistikow, bringt Cassirer dem Publikum fortan vor allem die französische Kunst der Moderne nahe: Claude Monet oder Auguste Renoir sowie deren Wegbereiter Gustave Courbet, Camille Corot oder Edouard Manet. Er ist auch der erste, der Paul Cézanne in Deutschland ausstellt. 1901 zeigt Cassirer erstmals Arbeiten des Norwegers Edvard Munch, der wegen seiner als skandalös empfundenen Bilder und einem daraus resultierenden Ausstellungseklat 1892 in Berlin auf einen Schlag bekannt wurde. Vincent van Gogh, mit seinen leuchtenden Farben und dem temperamentvollen Pinselduktus, präsentiert er zum Jahreswechsel 1901/02 und verhilft ihm posthum zum Durchbruch. Ende 1904 lässt eine weitere Ausstellung des Niederländers, die danach in die Hamburger Dependance sowie die Galerie Arnold in Dresden weiterzieht, die Brücke-Künstler Fritz Bleyl, Erich Heckel, Ernst Ludwig Kirchner und Karl Schmidt-Rottluff „außer Rand und Band“ geraten.

In München und Berlin hatte ich viel neuzeitliche Kunst gesehen. Die Werke von van Gogh, Gauguin und Munch hatte ich kennengelernt, begeistert, verehrend und liebend. Ich musste mit diesen fertig werden.

Emil Nolde: *Jahre der Kämpfe*, Berlin 1934, S. 71.

mit sich bringt. Doch ist es denn ein Zufall, dass sich die junge Frau, die unschwer erkennbar seine Ada zeigt, in ihrer Nische sitzend dem Licht mehr entzieht als zuwendet? Sie schaut nicht aus dem Fenster, sondern versunken in ein Buch, der Tisch vor ihr verbleibt im Schatten. Hinter ihr hängt ein Spiegel, in dem ein Kopf und eine Leinwand erscheinen – der Maler, der ihr gegenübersitzt. Hier geht es um Reflexion, um Innerlichkeit. Auch darf man sich an *Das Balkonzimmer* (1845) von Adolph von Menzel erinnert fühlen, bei dem Emil damals Ateliergehilfe werden wollte. Jetzt ist er selbst Künstler und experimentiert, vor allem mit Farbe: Der Vorhang wird aus groben Farbschlieren gebildet, die Blüten der Topfpflanze sind eher akkurat gemalt, und Adas Kleid bildet ein getupftes Muster aus bunten Flächen. Dazu gesellt sich eine Vorliebe für kräftige Töne und die Komplementärfarben Gelb und Lila, Rot und Grün sowie Blau und Orange. Für die jungen Architekturstudenten Fritz Bleyl, Erich Heckel, Ernst Ludwig Kirchner und Karl Schmidt-Rottluff, die sich zur Künstlergemeinschaft Brücke zusammentaten, ist das eine Offenbarung. Kurz zuvor haben sie Bilder van Goghs in derselben Galerie gesehen – und jetzt diese „Farbenstürme" eines gewissen Emil Nolde. Alsbald erreicht ihn folgende Nachricht: „Daß ich gleich mit der Sprache herausrücke – die hiesige Künstlergruppe ‚Brücke' würde es sich gerne zur hohen Ehre anrechnen, Sie als Mitglied begrüssen zu können", wirbt der gerade 21 Jahre alte Schmidt-

Rottluff um den älteren Kollegen und stellt ihm den Vorzug gemeinsam organisierter Ausstellungen in Aussicht. Ada ist begeistert, doch Nolde wägt ab. Anders als die blutjungen Brücke-Künstler hat er schon einige Erfahrungen im Kunstbetrieb gesammelt. Wird ihm die Kooperation womöglich sogar zum Durchbruch verhelfen oder ist sie eher hinderlich? Am Ende froh darüber, seinen Weg einstweilen zu teilen, tritt er der Gemeinschaft doch bei – und zeigt sich geschäftstüchtig. Das Ehepaar regt die Einführung der passiven Mitgliedschaft an: Kunstliebhaber können so die Brücke finanziell unterstützen und erhalten dafür Originalgrafiken als Jahresgaben.

NEUE TECHNIKEN

Im März 1906 eröffnet sich eine weitere Perspektive: Folkwang ruft, genauer gesagt Karl Ernst Osthaus. Der vermögende Bankierssohn und Sammler zeitgenössischer Kunst hat 1902 das Folkwang Museum in Hagen eröffnet – für Nolde ein „Himmelzeichen im westlichen Deutschland“. Getragen von der Idee, Kunst und Leben zu vereinen, holt er Künstler in die Region, damit sie dort wirken: der Folkwang-Gedanke. Für Emil und Ada hat Osthaus das mittelalterliche Städtchen Soest auserkoren. Bald vermeldet Ada jedoch, dass ihr Mann dort nicht arbeiten könne: Mit den „krummen Gassen“ und „großen Kirchen“ kann er nicht viel anfangen – Stadt, das ist nicht sein Thema. Dennoch entsteht eine Reihe von Holzschnitten und Radierungen, die markante Gebäude und eben doch die Kirchen zeigen, wie die beiden Türme von St. Petri und St. Patrokli oder den *Schiefen Turm* der Alt St. Thomae Kirche.

Der Osthaus-Kontakt ist wichtig für Nolde, auch für die Gattinnen übrigens. Gertrud Osthaus, kurz „Mäuz“, und Ada

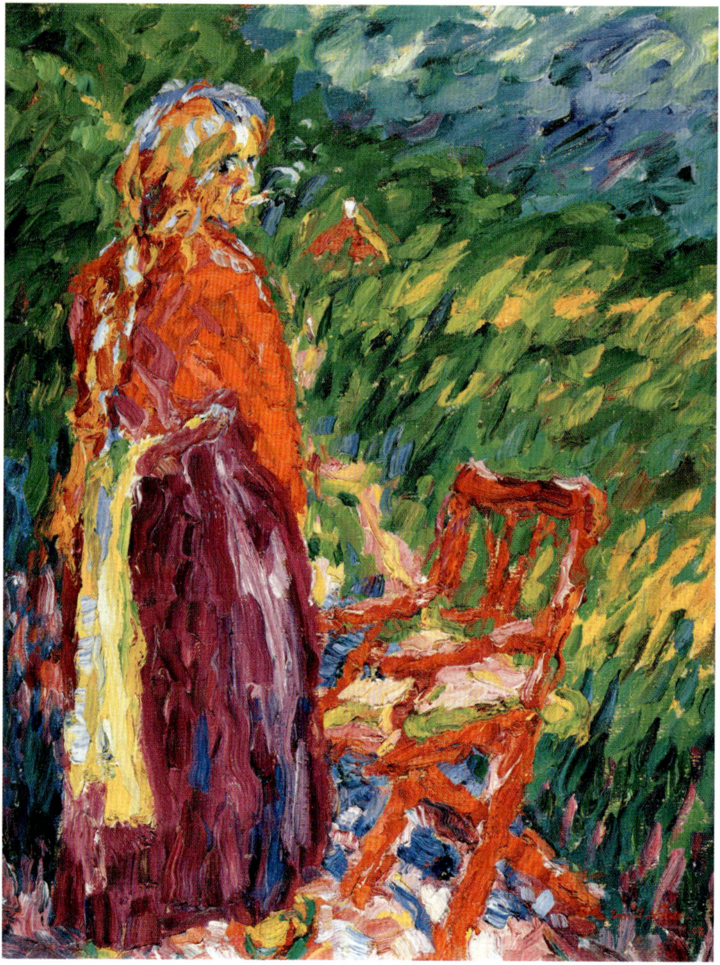

tauschen sich über gesunde Lebensführung aus, Gerichte aus einem Kochbuch von Heinrich Lahmann zum Beispiel, in dessen Klinik Ada auch bald kuren wird. Folkwang selbst packt Nolde weniger. Lieber probiert er es in Hamburg und stellt sich im Mai 1906 in der Galerie Commeter vor, der ältesten und zugleich ersten der Hansestadt, die Arbeiten von Edvard

Cigarettenraucherin,
1907, Öl auf Leinwand,
82 × 65 cm

Munch und der Brücke zeigt. Man informiert Gustav Schiefler, da sei jemand, der „male ähnlich wie Munch". Der Landgerichtsdirektor sammelt Grafik und setzt sich mit seiner Frau Luise für moderne Kunst ein. Nolde zeigt seine Arbeiten, und Schiefler kauft ihm drei Blätter ab, später greift er auch bei den *Phantasien* zu. Zu Schieflers Netzwerk gehört die promovierte Kunsthistorikerin Rosa Schapire, die eine glühende Fürsprecherin seiner Bilder wird und sie in privaten Gesellschaften, darunter dem gut situierten „Frauenclub", mit Verve in Szene setzt.

Ende Mai 1906 trifft Schmidt-Rottluff auf Einladung von Ada und Emil in Alsen ein. Erst wohnt er in ihrem Fischerhaus, dann im nahe gelegenen Füneshaff. Der enge Austausch vitalisiert Nolde und er fasst Mut – für noch mehr pure Farbe! Fasziniert von den „blühenden Farben der Blumen", die er in den Gärten seiner Nachbarn vorfindet, eröffnet er sich (und den Brücke-Künstlern) eine neue Motivwelt. In diesem Sommer erkunden beide Künstler das expressive Potenzial der Farbe und lösen die Darstellung in eine Vielzahl einzelner Flächen auf. Durch den Einfluss der Brücke beginnt Nolde auch, mit dem Holzschnitt zu experimentieren. Schmidt-Rottluff hat die Lieferung einer Handpresse von Dresden nach Alsen organisiert. Die *Märchenholzschnitte* entstehen, eine Folge von acht Blättern, die ähnlich den *Phantasien* elementare Erfahrungen wie *Sturm* oder *Gefangenschaft* sowie archetypisch anmutende Begegnungen wie in *Der große Vogel* behandeln. Die grobe Formensprache des Holzschnitts, die nicht viel Spielraum für Zwischentöne lässt, nimmt Nolde nicht die Lust am Erzählen – im Gegenteil. Das Treffen des staunenden Mädchens mit dem großen Vogel, dessen Schwingen dynamisch

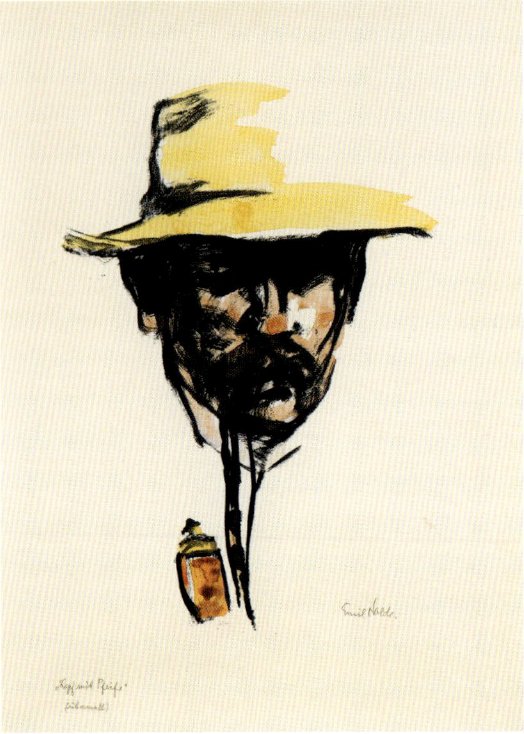

Kopf mit Pfeife,
E. N., 1907,
Tuschpinsellithografie (Umdruck),
40 × 28,5 cm

Innenwelt und Außenwirkung. Ein frühes Motiv zeigt den Künstler selbst, Anfang 40, mit Sonnenhut und einer langen Pfeife. Ernst wirkt er, doch lässig zugleich und geheimnisvoll. Sein Gesicht liegt im Schatten, und das Schwarz dominiert die Form. Es wird als durchgehende Form begriffen, die sich von der Unterseite des Hutes, dem Ohr und der Stirn über die linke, völlig verschattete Gesichtshälfte ausspinnt und bis zum Bart, dem Kinn und dem Pfeifenstiel dieselbe Fläche bleibt. Ein tolles Blatt! Ein Auge blitzt hervor, das andere liegt im Dunkeln. Kein schlechtes Statement für jemanden, der seine Bilder im Inneren sucht, dabei das Drumherum jedoch nicht aus dem Blick verliert. Was nützt die beste Kunst, wenn sie kein Publikum hat?

kreisen, lässt – mit Blick auf die minimalistische Gestaltung buchstäblich – Raum für individuelle Deutungen. Zum Teil gibt Nolde die Richtung durch die Farbe vor, die er von Hand ergänzt: Das Kind erhält einen hellen Teint, die Kreatur derweil etwas blaue Farbe – so wirkt sie kühler und noch unheimlicher. Noldes Lust am Ausprobieren ist groß, er versucht sich noch in einem weiteren Druckverfahren: der Lithografie.

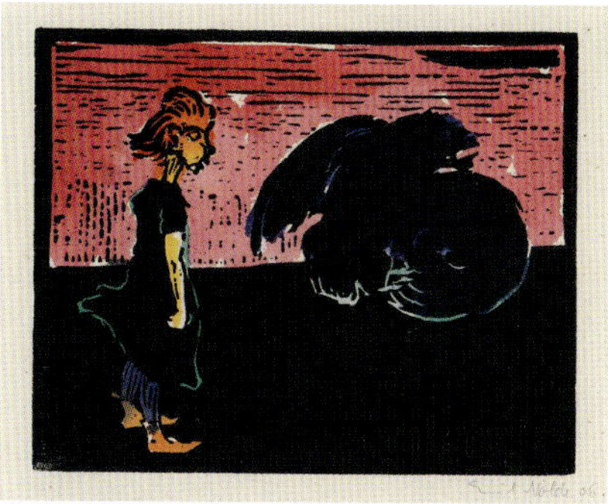

Der große Vogel, aus der Mappe *Märchenholzschnitte*, 1906, Holzschnitt, übermalt mit Aquarellfarben: Weinrot, Gelb, Orange, Blau, Grün, 16,3 × 21 cm

Als Gustav Schiefler das Ehepaar im August auf Alsen besucht, schlägt er ihnen etwas Tolles vor: ein grafisches Werkverzeichnis. Aber sicher! Schiefler wird sich auf ihre Unterstützung, ganz besonders auch die Adas, verlassen können. Zuvor hat er solche Catalogues raisonnés bereits für Liebermann und Edvard Munch erstellt, und zu gerne sähe er auch ein Treffen zwischen Nolde und dem eigenwilligen Norweger. Über ihr Treffen Ende 1907 in Berlin hat Nolde dann nicht viel zu sagen, höchstens, dass Munch damals trank, dabei „seine schönste Graphik schaffend und seine Bilder malend – der große Künstler." Tatsächlich hat er versucht, ihn von der Gründung einer neuen Künstlervereinigung zu überzeugen. Und hatten sie sich wirklich so wenig zu sagen? Munch hat die Druckgrafik bereits in den 1890er-Jahren für sich entdeckt, um ein größeres Publikum zu erreichen, und auch das experimentelle Vorgehen

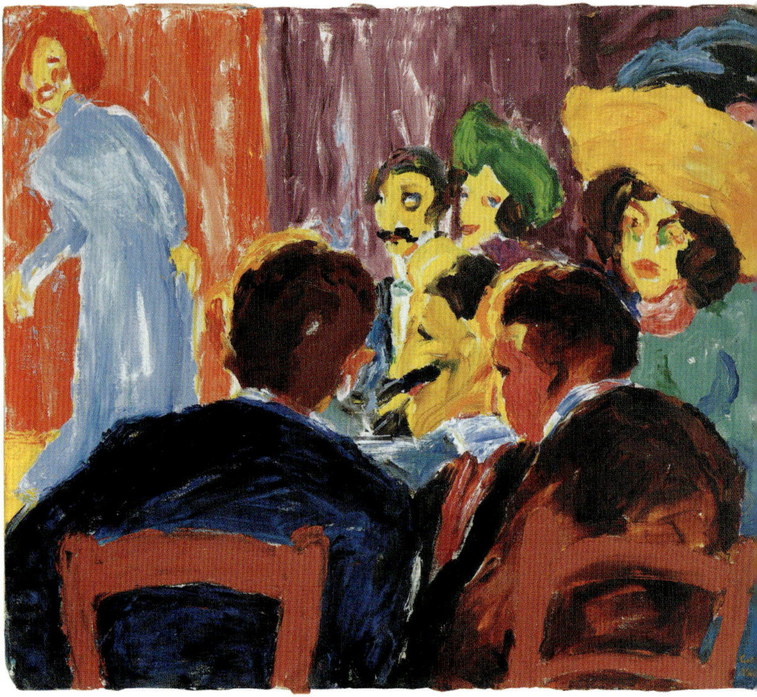

Publikum im Cabaret, 1911, Öl auf Leinwand, 86 × 99 cm

ist beiden eigen. Anders als Munch, der sich mit meist schmerzvollen, von ihm selbst immer wieder qualvoll durchlebten Erfahrungen wie Eifersucht, Angst oder Einsamkeit befasst, ist Nolde nicht so sehr an der Vertiefung einzelner Emotionen interessiert. Schon gar nicht würde er sie so drastisch darstellen wie Munch – man denke nur an dessen mehrfach variiertes Motiv *Der Schrei*. Nolde spürt dem Menschsein intensiv im Berliner Nachtleben nach, in den Cafés, Kabaretts und Theatern. Ada und Emil gehen selbst gerne hin, intensiv zumal im Winter 1910/11 – der Intendant Max Reinhardt hat ihnen Freikarten für das Deutsche Theater und die Kammerspiele geschenkt.

Die Menschen sind meine Bilder. Lachet, jubelt, weinet, oder seid glücklich, Ihr seid meine Bilder, und der Klang Eurer Stimme, das Wesen Eurer Charaktere in aller Verschiedenheit, Ihr seid dem Maler Farben.

Emil Nolde: *Jahre der Kämpfe*, Berlin 1934, S. 131.

Ja, das Menschsein: Es hat seine komplizierten Seiten. Auf Alsen hat Schmidt-Rottluff ein schwärmerisches Interesse für die fünf Jahre ältere, ihn dort umsorgende Ada entwickelt. Sie ist verwirrt und bezieht Nolde ein, der freilich nicht begeistert ist. Und der auch ansonsten hadert. Die gemeinsamen Ausstellungen haben keinen nennenswerten Verkauf erzielt, die anderen Brücke-Künstler hat er erst im Februar in Dresden kennengelernt, als er Ada dort im Sanatorium besucht hat. Nolde, der zehn bis vierzehn Jahre älter ist als seine Kollegen, fühlt, dass er „die Fahne führen" müsse. Doch mit welchem Ziel? Schon jetzt sieht er seine „Art karikiert". Am 9. November 1907 zieht Nolde einen Schlussstrich und beendet die Mitgliedschaft. Überhaupt immer dieser Schmidt-Rottluff. Wohl nicht zuletzt, weil sich das Interesse des „Fräuleins Schapire" mehr auf ihn konzentriert, beenden Noldes später die Beziehung auch zu ihr. Dafür tritt er im Januar 1908 trotz des angespannten Verhältnisses der Berliner Secession bei.

Während Ada in Lahmanns reformorientiertem Sanatorium Weißer Hirsch in Dresden kurt, kehrt Nolde im Februar 1908 bei seinem Freund Hans Fehr in Jena ein. Der hat seit Kurzem den Vorsitz des Jenaer Kunstvereins inne und soeben eine Nolde-Schau eröffnet. Nach seinem Besuch bei Fehr mietet sich Nolde im nahe gelegenen Cospeda ein. Schon zuvor hat er mit Aquarell- und Temperafarben gemalt, doch erst hier macht er sich das Arbeiten mit Wasserfarben so recht zu eigen. Alleine gemessen an der unglaublichen Menge – bis zum Ende seines Lebens wird Nolde um die 8000 Aquarelle schaffen – wird es *seine* Technik werden. Ähnlich wie bei der Druckgrafik verbindet sich auch beim Aquarellieren die bewusst gelenkte Gestaltung vielfach mit Momenten des Zufalls: „Zuweilen auch malte ich in frierenden Abendstunden und sah es gern, wenn auf dem Papier die gefrorenen Farben in kristallenen Sternen und Strahlungen sich setzten. Ich liebte solche Mitarbeit der Natur; ja die ganze Naturverbundenheit: Maler, Wirklichkeit und Bild."

Das Blatt *Sonne über Schneematsch* ist ein Beispiel für Noldes künstlerisches Einswerden mit der Natur. Am Horizont prangt die glühende Sonne, die ihr oranges Licht auf die winterliche Landschaft wirft: Schon ist der Schnee in weiten Teilen zurückgewichen und lässt die Natur erneut zum Vorschein kommen. Nolde verleiht der gefrorenen Erde durch die trocken aufeinander gelegten Grün-, Blau- und Grautöne, bisweilen von Schwarz durchzogen, ein ganz schroffes Erscheinungsbild, welches die natürlichen Strukturen der Landschaft aufnimmt. Neben den zuweilen sichtbaren Wasserflecken zeigen sich unten rechts im Bild feine kristalline Risse – sie mögen auf die „Mitarbeit der Natur" zurückgehen.

Während Ada ihre Freundin Edith Buckley – eine Kurbekanntschaft aus Dresden – auf deren Familiensitz The Grange in Sussex besucht, begibt sich Nolde im Sommer 1909 in das Fischerdorf Ruttebüll an der nordfriesischen Küste. Er will in Ruhe dort arbeiten. Erst einmal zieht er sich jedoch eine Vergiftung zu, das Wasser soll schlecht gewesen sein. Ada wird

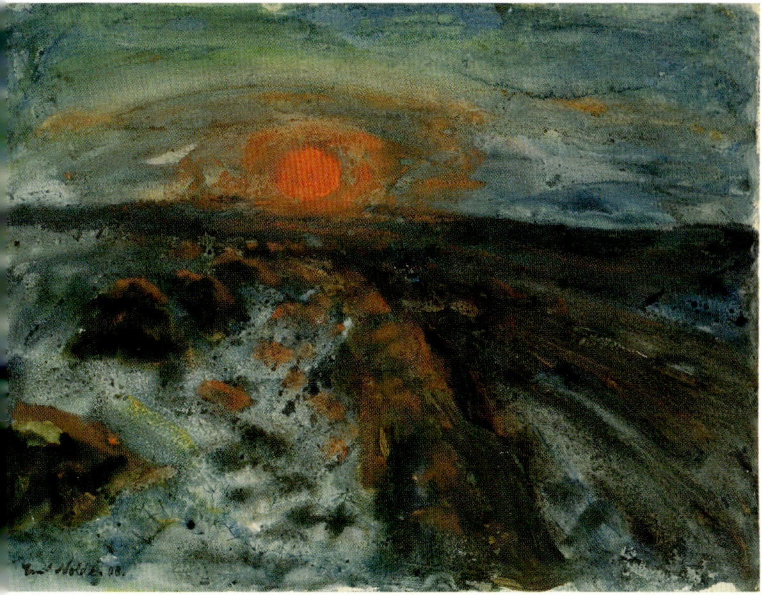

Sonne über Schneematsch, 1908, Aquarell, 36,2 × 49 cm

aus Sussex gerufen, doch als sie ankommt, ist ihr Mann schon wieder auf den Beinen. Mehr noch, er hat einen großen Schritt gemacht.

CHRISTLICHES / DER MÄRTYRER

Jesus erscheint im leuchtend weißen Gewand im Kreis seiner Jünger. Wahrlich keine feinen Leute sind das, die da ganz unterschiedliche Emotionen zur Schau tragen. Und was sie für Gesichter haben: Gelb-grünlich schimmernd, und alles an ihnen wirkt grob, ja fast brutal. Nolde hat die Physiognomien in einer Reihe aquarellierter Federzeichnungen ausprobiert. Jesus selbst wird mit leicht nach oben gerichtetem Kopf, geschlossenen Augen und geöffnetem Mund in einem Moment völliger Entrückung gezeigt – als nähme er im Geiste die Passion vorweg. Im Zentrum des Bildes steht der Weinkelch, ein

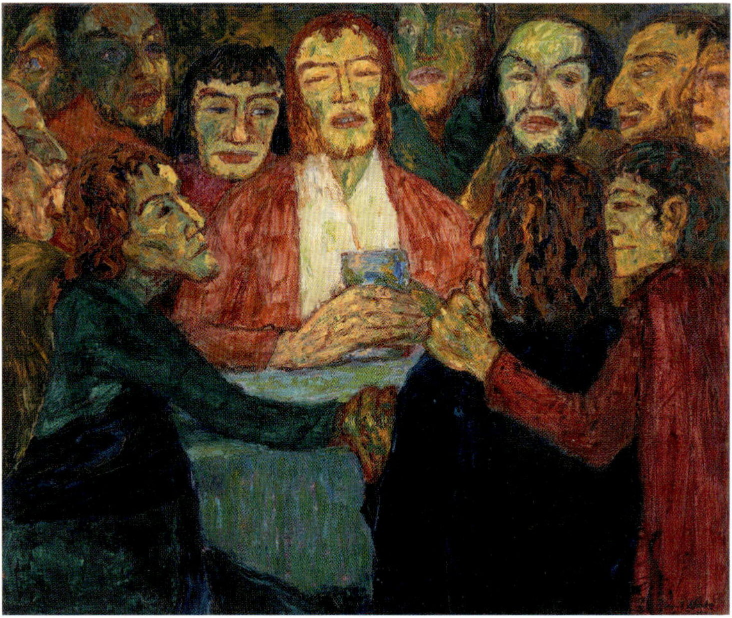

Abendmahl, 1909, Öl auf Leinwand, 86 × 107 cm

Symbol der Transsubstantiation, den er umfasst. Christi Hand ist wuchtig und überlang, als sollte sie ihn im Hier und Jetzt verorten. Die expressive Steigerung setzt sich in der Farbverteilung fort. Jesu Antlitz und sein leuchtend roter Mantel wirken ganz warm, während der vor ihm liegende Tisch und die Gewänder der gegenübersitzenden Apostel kalte, abweisende Töne zeigen. Auch das Glas, das gleichsam die imaginäre Lichtquelle des Bildes darstellt, wirkt kalt. Mit dem „Abendmahl“, der „Verspottung“ und dem Gemälde „Pfingsten“ ist für Nolde „die Wende vom optisch äußerlichen Reiz zum empfundenen inneren Wert“ vollzogen. Wer ihn als Maler bislang vor allem mit **Landschaftsmalerei*** und Blumengärten verband, der soll ihn nun kennenlernen! Dass das Ergebnis nicht jedem passt, wird man sich denken können. In der Sezession rumort es ohnehin schon.

Ich malte und malte, kaum wissend, ob es Tag oder Nacht sei, ob ich Mensch oder Maler nur war. Beim Schlafengehen sah ich das Bild, in den Nachtstunden sah ich es, und beim Erwachen stand es vor mir. Ich malte glücklich. Das Bild war fertig. Das Abendmahl.

Emil Nolde: *Jahre der Kämpfe*, Berlin 1934, S. 104.

Doch Nolde steht vor dem Durchbruch. Im Februar 1910 soll eine größere Einzelausstellung bei Commeter in Hamburg stattfinden. Ada reist vor, er kommt nach und übernimmt die Hängung der Bilder: Grafiken, Aquarelle und Gemälde. Die Schau ist so erfolgreich, dass sie verlängert wird. Nolde verkauft gut: 17 Gemälde, viele Papierarbeiten, Schiefler spricht von 2000 Mark! Die Galerie ist Gold wert für ihn. 1907 hat Nolde dort Paul Rauert und seine Frau Martha während seiner ersten Soloschau kennengelernt – sie werden über die Jahre die größte Nolde-Privatsammlung aufbauen. Nur den Direktor der Hamburger Kunsthalle Alfred Lichtwark hat er noch nicht überzeugen können. Nach Adas Abreise kommt Nolde bis Mitte März 1910 in Petersens Hafen-Pension auf St. Pauli unter. Auf den Straßen wie auf dem Wasser herrscht Tag und Nacht emsiges Treiben. Und Nolde ist mittendrin.

Durch all den „vielen Augenreiz" gerät er in einen Schaffensrausch und fertigt in kurzer Zeit mehr als 100 Bilder des Hamburger Hafens an. Das Areal ist durchdrungen von Dunst und überall aufsteigendem Dampf und Rauch, immerfort werden die Hafenanlagen und Schiffe von der See umspült. Nolde spielt alles durch: Er fertigt Radierungen, Holzschnitte, Aquarelle

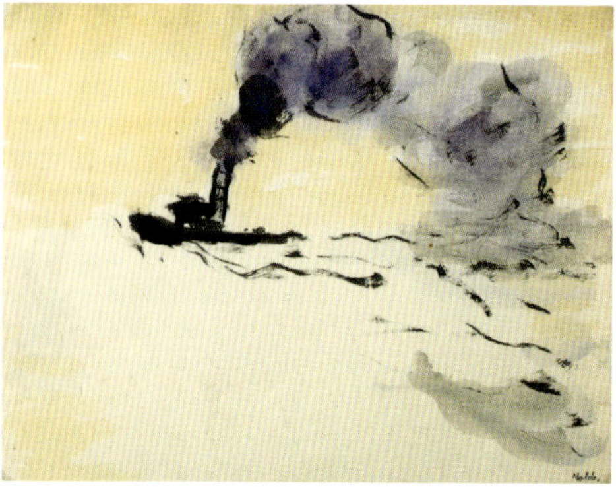

Kleiner Dampfer, 1910, Tuschpinselzeichnung, aquarelliert, 35,6 × 46,5 cm

und Tuschpinselzeichnungen sowie, ausgehend von den vor Ort fixierten Beobachtungen, später auch 13 Gemälde. Menschen zeigt er dabei fast nie. Schon Schiefler stellt da eine Beziehung zu Noldes Berliner „Tanzbeobachtungen" her: Es sei eben die Bewegung, die ihn fasziniere. Ein Beispiel der vielfältigen Situationen, die er herausgreift: der kleine Dampfer, der, aus einfachsten Formen gebildet, die Horizontlinie entlanggleitet. Der Himmel schimmert in zartem Gelb, während das Wasser mit nur ganz wenigen, leicht geschwungenen Linien angedeutet wird. Auch die Tusche selbst wird eher sparsam eingesetzt, oft laufen die Linien faserig aus und erscheinen brüchig. Dagegen steht die dunstig leichte Materialität des emporquellenden Dampfes aus zarten lila und grauen Lavierungen. Wo der Dampf zur rechten Seite hin an Kraft verliert, wird die Farbe heller und wo er aufs Wasser trifft, ist nur mehr ein helles Grau vorhanden. Weiter unten platziert er eine zweite graue Fläche und schwups, das Bild wirkt so viel tiefer – wer sie mit der Hand verdeckt, kann das leicht nachvollziehen.

Allein, den Direktor der Hamburger Kunsthalle kann er von seiner Kunst nicht überzeugen. Andere schon. 1910 besucht ihn der junge Ernst Gosebruch auf Alsen und ermöglicht ihm eine größere Ausstellung im Städtischen Kunstmuseum Essen.

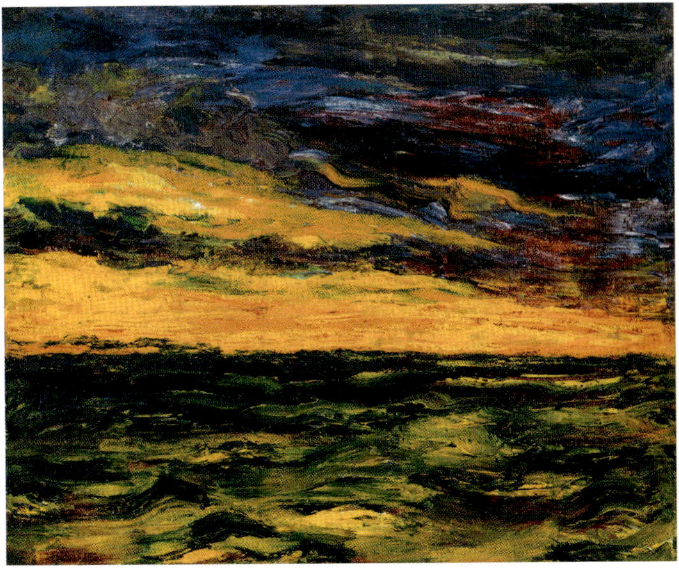

Herbstmeer V, 1910, Öl auf grober Leinwand (Sackleinen), 62,5 × 78 cm (Detail auf Vorsatz)

Über ihn kommt auch der Kontakt zu Carl Hagemann zustande, der Chemiker aus gutbürgerlichem Haus, der bei den Farbenfabriken Bayer tätig ist. Er begeistert sich für die Kunst des Expressionismus und wird eine ihrer bedeutendsten Kollektionen zusammentragen. Nolde kauft er Ende 1911 die Gemälde *Blumengarten (Frau im weißen Kleid)* und *Frischer Tag am Meer* ab; viele weitere folgen.

In den Herbstmonaten 1910/11 ist Nolde wieder in seiner Bretterbude am Strand tätig. 20 *Herbstmeere* entstehen, von denen er später drei zerstört, ein viertes Gemälde geht verloren. Durch den niedrig gesetzten Blickpunkt taucht der Betrachter in die Elemente ein – und in die Farbe.

Die wechselnden Licht- und Witterungsverhältnisse bewirken, dass sich die Erscheinungsfarbe der Elemente ständig ändert.

Diese steigert Nolde zur Ausdrucksfarbe, wobei er unterschiedliche Kombinationen durchspielt: In einigen Gemälden dominieren warme Farben wie Rot, Orange, Gelb, in anderen kalte Töne.

In Berlin, wo die Noldes von Friedenau mittlerweile in die Tauentzienstraße nahe des Kurfürstendamms gezogen sind, ist es zum Eklat gekommen. Bei der aktuellen Jahresausstellung der Berliner Secession wurde sein Gemälde *Pfingsten* mit den Werken vieler anderer Künstler, auffällig vielen Expressionisten darunter, von der Jury zurückgewiesen. Nolde schäumt und macht dafür vor allem Max Liebermann verantwortlich: den einflussreichen Präsidenten der Secession und erfolgreichen Impressionisten, nach dessen Kompositionen er in München einst Skizzen angefertigt hat. Am 10. Dezember 1910 schickt er einen Brief an die Zeitschrift *Kunst und Künstler* und eine Abschrift an Liebermann gleich hinterher: „Schwach und kitschig" sei dessen Stil, entthront werden soll der alte Mann, der seine Grenzen nicht kennt! Nolde wird aus der Secession ausgeschlossen, gegen die Stimme Liebermanns übrigens. Aus Nolde einen „Kunstmärtyrer" zu machen, das könnte Potenzial haben – und hat es auch. Nolde schildert es ausführlich: Empathische Glückwünsche auf der einen, „Kübel voller Schmutz" auf der anderen Seite. Alfred Kerr verfasst ein Spottgedicht, das endet mit „Nolde hängt. Der Unglückswurm / Baumelt im Dezembersturm. Jung; gehängt; o schnödes End'. [Doch auch jetzt noch kein Talent.]" – auch das druckt Nolde in seiner Autobiografie mit ab. Die Secession zerreißt es über den Streit letztlich, Liebermann legt seinen Vorsitz nieder und zieht sich im Frühjahr 1911 vorerst nach Rom zurück. Unmittelbar nach der Zurückweisung durch die Secession hat sich um Georg Tappert, Max Pechstein und andere die Neue Secession gebildet, der sich unter anderem die Brücke-Künstler und, nach seinem Rausschmiss, auch Nolde anschließen. Es gärt überall und drängt hin zu neuen Ufern. In München etwa ist aus der Neuen Künstlervereinigung der Blaue Reiter um Wassily Kandinsky und Franz Marc hervorgegangen. Im Februar 1912 nimmt Nolde an deren Ausstellung in der Galerie von Hans Goltz teil, in der seine Bilder des Hamburger Hafens sowie Szenen aus dem Berliner Nachtleben und Theater neben Werken von Robert Delaunay, Paul Klee, Wilhelm Morgner zu sehen sind – künstlerischen Handschriften unterschiedlichster Art! Das Vorwort des Kataloges, der Zeichnungen, Druckgrafiken und Aquarelle aufführt, setzt den endlosen Reichtum der Naturformen denn auch dem der künstlerischen Formen gleich. Für beide gelte: „die Notwendigkeit schafft diese Form." Das ist ein Gedanke, der Nolde gefallen muss: „Der Künstler, welcher alles kann, was er will, der ist kein Künstler; der ist es, der nur kann, was er nicht lassen kann."

Im selben Jahr besucht er die Schau des Sonderbundes in Köln, dessen Vorsitz sein Förderer Osthaus innehat. Laut Katalog soll die Ausstellung die „vielumstrittene Malerei unserer Tage" repräsentieren – Stoff bieten für Diskussionen also. Nolde, der selbst relativ bescheiden vertreten ist, will bei einer solchen mit Paul Cassirer, Alfred Flechtheim und anderen Galeristen aneinandergeraten sein. Ihn, den „kleinen Maler", hätten sie verhöhnt: „War es Hass gegen mich? War es Gegensätzlichkeit, Händler und Künstler? War es Rassenhass?" Cassirer und Flechtheim sind ebenso wie Alfred Kerr und Liebermann Juden. Wie manche hier angeführte Bemerkung stammt das Zitat aus Noldes Autobiografie, in der er seinen Antisemitismus in den 1930er-Jahren unverblümt zum Ausdruck bringt.

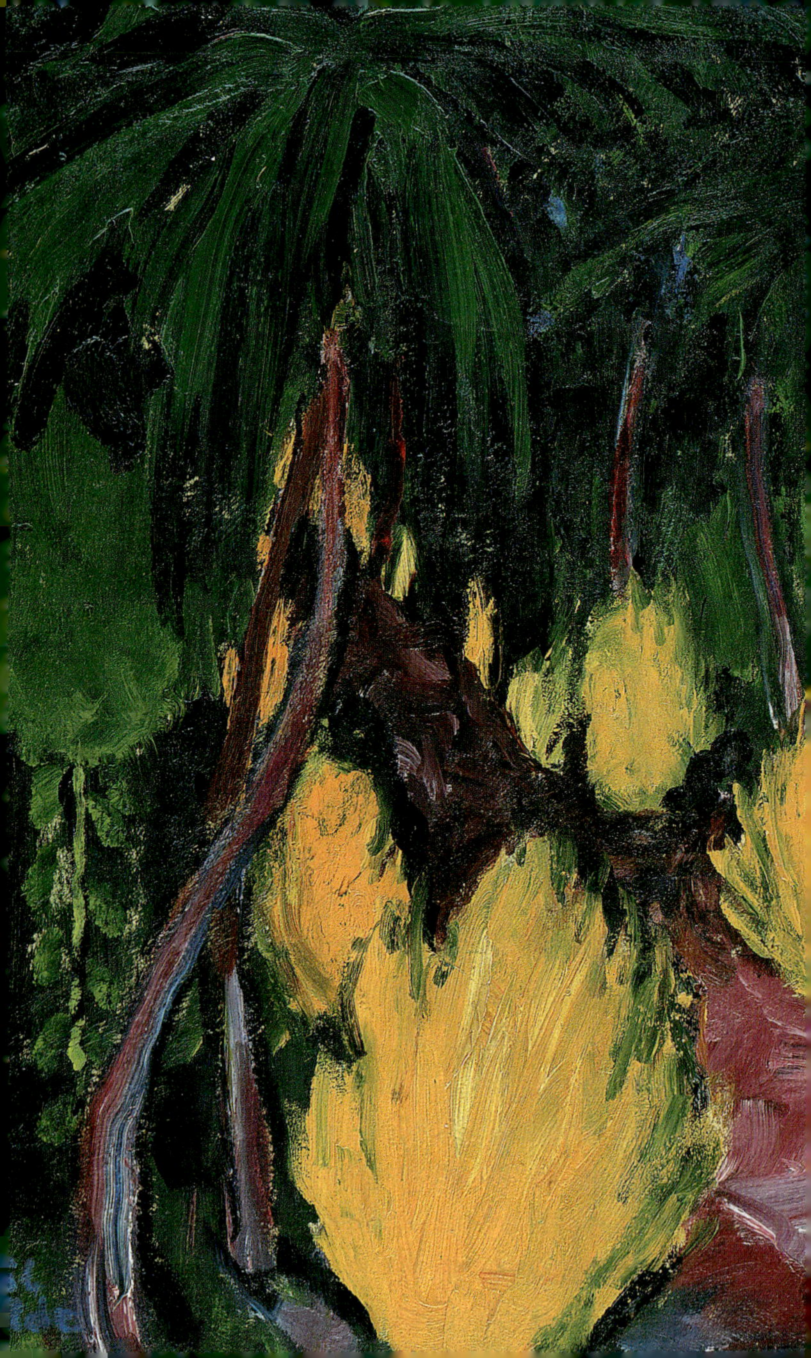

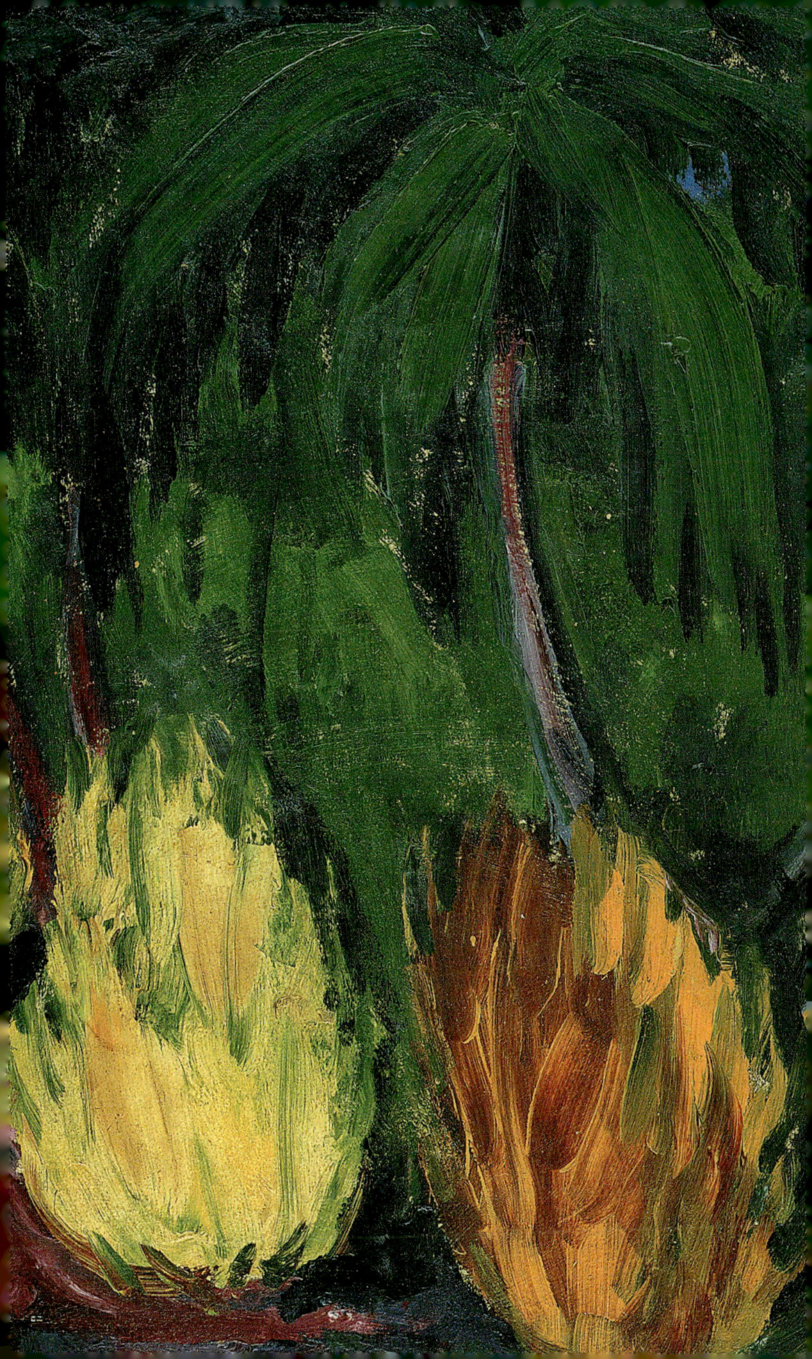

Farbe

Die Wahrnehmung und Wiedergabe einer Farbe ist komplizierter als die einer Form, weil sie in hohem Maße von anderen Einflüssen abhängig ist. Die sogenannte Lokalfarbe gibt einen bestimmten Gegenstand ungeachtet aller farbverändernden Einflüsse in seiner spezifischen (physikalischen) Eigenfarbe wieder. Demgegenüber zeigt die Erscheinungsfarbe die Gegenstände so, wie sie bei bestimmten Lichtverhältnissen und Blickwinkeln tatsächlich wahrgenommen werden. Dieses Darstellungsprinzip war den Künstlern bereits in der Renaissance bekannt. Leonardo da Vinci, der unter anderem die Technik des *sfumato*, der sanften tonalen Verschleifung der Bildelemente, perfektionierte, ist hier an prominenter Stelle zu nennen. Die Künstler des 19. Jahrhunderts gingen in diesem Zusammenhang noch deutlich weiter – man denke etwa an die Bilder von Claude Monet oder auch des späteren Max Liebermann. Das Sehen und die Wahrnehmung selbst standen zunehmend im Mittelpunkt, und die Gegenstände wurden infolgedessen vorzugsweise im Kontext flüchtiger Lichterscheinungen gezeigt. Faktisch bedeutete dies, dass sich die Formen auf der Leinwand immer stärker in einzelne Farbsetzungen auflösen ließen. Emil Nolde setzt sich

Johannes Itten, **Farbkreis aus Utopia**, 1921, Buchdruck, 32,7 × 24,2 cm

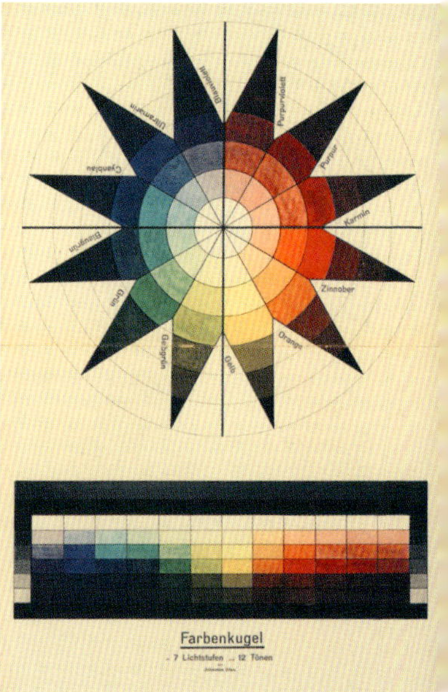

zu Beginn seiner Künstlerkarriere ebenfalls mit dieser impressionistischen Darstellungsweise auseinander, verwirft sie jedoch später zugunsten einer ganz anders motivierten Anwendung von Farbe. Hier kommt die sogenannte Ausdrucksfarbe ins Spiel, die vor allem genutzt wird, um subjektive, mit dem Gegenstand verbundene Empfindungen auszudrücken. Sie gewinnt im Expressionismus besondere Bedeutung.

Wenn Farben miteinander in Beziehung treten, verändert sich ihre Wahrnehmung abermals. Grundlegend ist hier ein grafisches Ordnungssystem, etwa der Farbkreis, das aufzeigt, wie die Farben auseinander hervorgehen und sich zueinander verhalten. Dabei werden Rot, Blau und Gelb als Primärfarben angenommen, aus deren paarweiser Mischung sich die Sekundärfarben Violett, Grün und Orange ergeben. Die Mischung einer dieser drei Farben mit einer komplementären Primärfarbe ergibt wiederum eine Tertiärfarbe. Für die menschliche Wahrnehmung bedeutend ist zumal der Simultankontrast: Beim Sehen einer Farbe glaubt man zugleich ihre Komplementärfarbe zu erkennen – im Sinne des Farbkreises also die diametral gegenüberliegende Farbe, bei Rot etwa Grün. Johannes Itten (1888–1967), der zwischen 1919 und 1932 den Vorkurs am Bauhaus unterrichtete, erläutert in seinem Buch *Kunst der Farbe* von 1961 sieben unterschiedliche Spielarten von Farbkontrasten, zu denen unter anderem die von Nolde viel genutzten Prinzipien des Helldunkel-, des Kalt-Warm- sowie des Komplementärkontrastes gehören, bei dem sich zwei Farben in ihrer jeweiligen Wirkung maximal steigern. Zahlreiche weitere, teilweise verblüffende Wahrnehmungseffekte schildert auch Josef Albers (1888–1976), der nach Itten den Vorkurs unterrichtete, in seinem berühmten Buch *Interaction of Color* (1963).

Die Südseereise

Mit großem Interesse betrachtet Nolde die Kunst- und Kultobjekte indigener Völker. Bereits 1910/11 hat er Skizzen nach Masken, Skulpturen, Fetischen und anderen Artefakten aus Afrika, Südamerika oder Ozeanien im Berliner Völkerkundemuseum gefertigt. Vielfach wurden diese in seinen Stillleben verarbeitet, teilweise miteinander kombiniert und neu arrangiert. Das Gemälde *Exotische Figuren. Europäer Maske und Tonfiguren,* das Nolde ab 1930 unter dem Titel *Der Missionar* führt, bringt gleich drei Studien zusammen. Die grotesk anmutende Figur eines koreanischen Wegegottes wird zum „Europäer", an dessen Seite die barbusige Mutter kauert, die einer nigerianischen Holzfigur nachempfunden ist. Hinter ihnen prangt das starre Gesicht nach einer sudanesischen Bongo-Maske – als Symbol ihres eigentlichen Glaubens? Noldes ambivalente Haltung zum Kolonialismus wird schon vor seiner Reise deutlich.

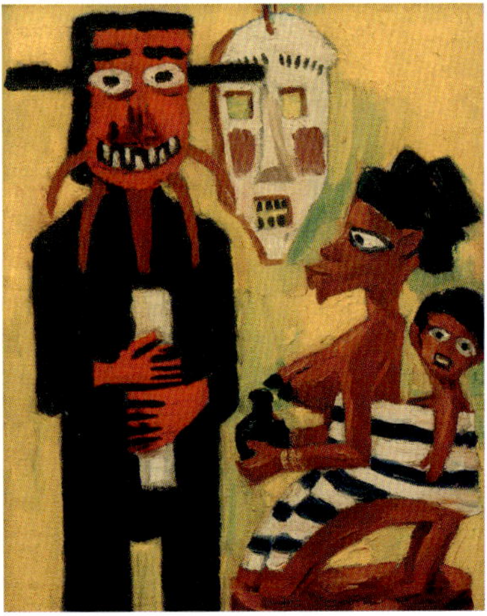

Der Missionar, 1912,
Öl auf Leinwand, 79 × 65,5 cm

1913 plant das Reichskolonialamt die „Medizinisch-demographische Deutsch-Neuguinea-Expedition". Es soll untersucht werden, warum die Geburtenrate der indigenen Bevölkerung der sogenannten deutschen Südsee stagniert oder sogar gesunken ist. „Die Urvölker von Afrika oder der Südsee aufzusuchen", ist schon lange Noldes Traum, und den Expeditionsleiter kennt er: Alfred Leber, Professor für Augenheilkunde in Göttingen und Tropenmediziner, ist ein Verwandter von Gustav Schiefler. Leber kann die Zustimmung für die Teilnahme des Ehepaars Nolde erwirken. Sie fahren als Privatpersonen auf eigene Rechnung mit, und Eduard Arnhold stellt ihnen einen Reisekredit aus. Der Kohleunternehmer und Kunstmäzen begrüßt es wohl, wenn neben seiner Nichte Gertrud Arnthal, einer Krankenschwester und Lebers Freundin, eine zweite Frau mitfährt. Ada kann fotografieren, und Nolde wird zeichnen, malen und auch kommentieren. Mit dabei ist ferner Ludwig Külz, langjähriger Regierungsarzt in Togo und Kamerun, der von Afrika dazustößt. Das Gepäck wird von Bremen auf dem Wasserweg vorgeschickt: Neben Khaki-Anzügen und Konserven machen sich Noldes Malutensilien – Leinen und Papiere, Pinsel, Federn, Stifte, Öl- und Wasserfarben und eine Leinwand – auf die Reise nach Rabaul. Am 2. Oktober startet die Expedition vom Bahnhof Zoologischer Garten. Mit dem Fernzug geht es Richtung Moskau und von dort mit der Transsibirischen Eisenbahn weiter. Mitte Oktober erreichen sie die Mandschurei und setzen die Reise in modernen „Pullman-Cars" fort. In Mukden (Shenyang) kauft Nolde eine kleine chinesische Pferde-

Mit dem Material in der Hand, zwischen den Fingern entstehen die Werke der Naturvölker. [...]. Die absolute Ursprünglichkeit, der intensive, oft groteske Ausdruck von Kraft und Leben in allereinfachster Form, – das möge es sein, was uns die Freude gibt.

Emil Nolde: *Jahre der Kämpfe*, Berlin 1934, S. 173.

Mit Pinsel und Farben arbeitete ich wie ein Besessener; nur die Augen brauchte ich vom Papier aufzuheben, es waren alles Bilder, alles Bilder um mich, reichstes tobendes, fließendes Leben, Spiegelungen, Boote, Menschen in außergewöhnlichsten Stellungen, und dazwischen der Dunst.

Emil Nolde: *Welt und Heimat. Die Südseereise 1913–1918. Geschrieben 1936 von Emil Nolde*, Köln 2002, S. 45.

skulptur aus der Han-Zeit, er wird auch selber Skulpturen schnitzen. Von Korea gelangen sie mit dem Schiff nach Japan. Wieder landen sie da in so einem „europäisch-amerikanischen luxuriösen Hotel" und probieren es dann jedoch mit einem „richtigen japanischen Gasthaus". Vertrautes überall: Im Museum in Kyoto treffen sie Karl With, der im Auftrag von Osthaus japanische Kunst für das Folkwang Museum kauft. Quer durchs Land geht es weiter nach Nagasaki und über das gelbe Meer nach China. In Peking besuchen sie die Große Mauer, die Ming-Gräber und eine Theatervorstellung „mit Sagen- und Göttergestalten", die Nolde mit „ihren Schreien und krachenden Schüssen" in „seltsamer Erinnerung" bleibt. Während sich Leber und Arnthal nach Tsingtau begeben, fahren Ada und er weiter nach Hankau. Die prall gefüllten Gassen und fremden Gerüche der Hafenstadt faszinieren sie. Als sie auf dem Jangtse fahren, sehen sie Dschunken, so weit das Auge reicht.

Wenig später fahren sie auf Chinas längstem Fluss bis nach Shanghai und reisen an Bord der *Prinz Eitel Friedrich* nach Hongkong. Ende November geht es auf der *Prinz Waldemar* nach Deutsch-Neuguinea, und am 13. Dezember treffen sie in Rabaul auf Neupommern (Neubritannien) ein. Nolde schickt einen Schwung Zeichnungen und Aquarelle an Hans Fehr. Während sich Ada als erstaunlich robust erweist, erkrankt der Künstler an der Amöben-Ruhr. Es soll auf Messers Schneide

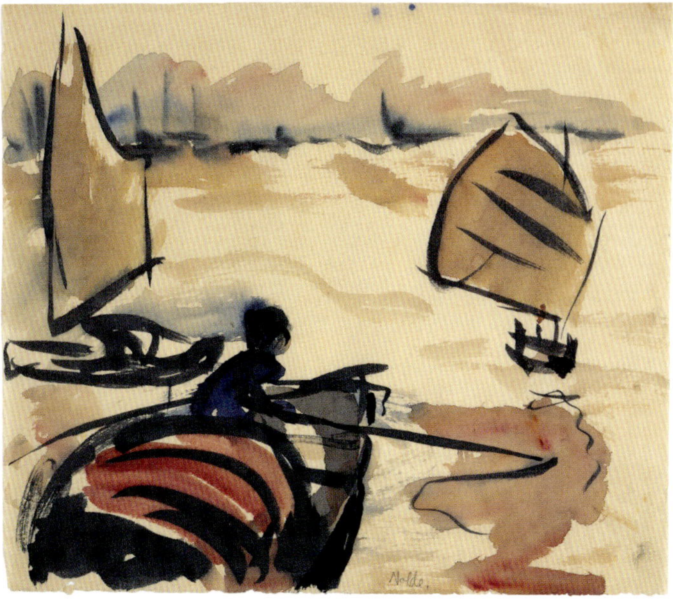

Dschunken, 1913, Aquarell, 28,7 × 33,8 cm

gestanden haben, doch sein Zustand bessert sich, und er kann die Reise fortsetzen. Im Frühjahr erreichen sie die Insel, die damals Neumecklenburg (Neuirland) heißt und das Kernziel der Expedition bildet. In Käwieng bekommt Nolde ein Atelier in einem Arresthaus nahe dem Meer und findet die Muße zum Malen in Öl, einer für das Klima freilich ungewöhnlichen Technik. Um die 20 Gemälde entstehen in der Südsee, sie zeigen Familien, Krieger, Tropensonnen und Palmenstrände, die kleine Insel Nusa-lik gegenüber und den Dschungel, der sich direkt neben dem Haus auftut. „Schon ein [...] kleiner Vorstoß erregte eigentümliche Empfindungen", erinnert sich Nolde. Sein *Buschweg* zeigt leuchtend gelbe Büsche, die wie flackernde Feuer den schmalen Pfad säumen, der sich allmählich im Dickicht verliert. Was hat Nolde noch gesehen, auch auf Buka, Manus und den anderen Inseln, die sie ansteuern? Die exotische Vege-

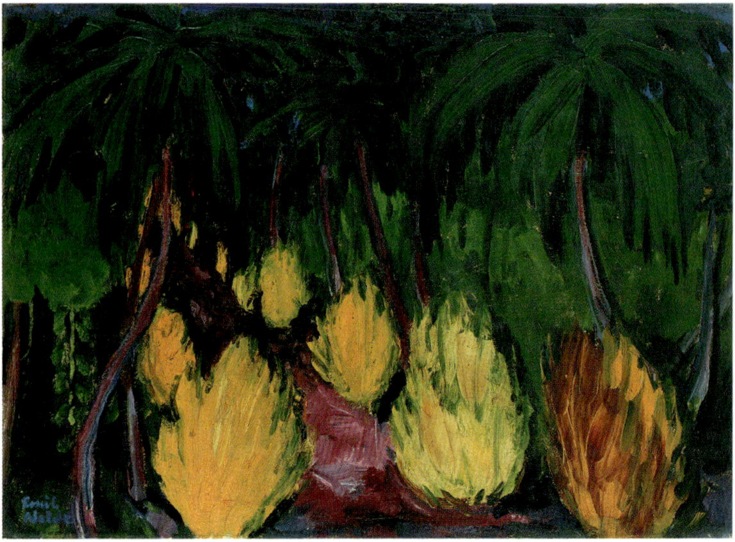

Buschweg, 1914, Öl auf Leinwand, 70,5 × 100,5 cm (Detail S. 46/47)

tation und ihr Kolorit bringt er in kleinen, schnell skizzierten Kreidezeichnungen zu Papier: leuchtend farbige Eindrücke einer fremden Welt. Seine Porträts der einheimischen Frauen und Männer zeigen die Vielfalt der Physiognomien und Frisuren, des Schmucks und der Gesichtsbemalungen. Kleine Regungen verleihen den Gesichtern Persönlichkeit, auch mögen sie die Begegnung mit dem fremden weißen Maler spiegeln. Noch aus Käwieng schreibt er Hans Fehr:

„Wir leben in einer Zeit, wo die ganzen Urzustände und Urvölker zugrunde gehen, alles wird entdeckt und europäisiert," und „Ich male und zeichne und suche einiges vom Urwesen festzuhalten." Ein Paradox. Die moderne Zivilisation führt Nolde erst in das fremde Land. Sie ist es aber auch, welche die authentischen Lebensgrundlagen der Einheimischen und ihre viel beschworene Ursprünglichkeit zerstört. Nolde fühlt sich verpflichtet, sie in anderer Form zu „retten". Beim Reichskolo-

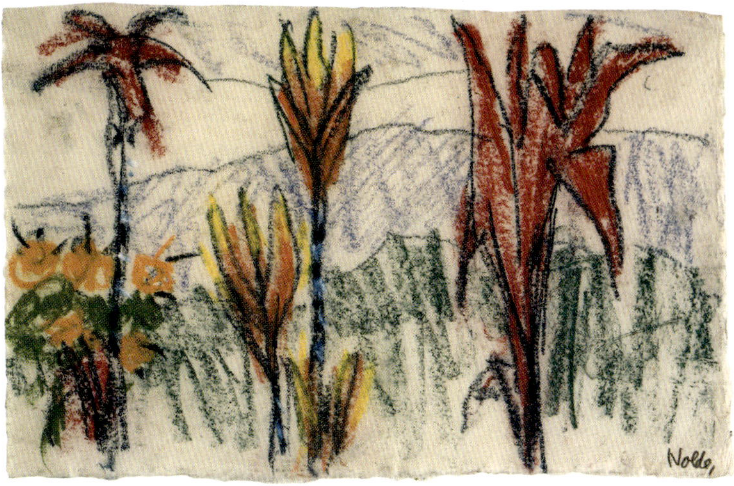

Bäume vor blauem Gebirge, 1914, Kreidezeichnung, 12,2 × 19,5 cm

nialamt beklagt er, der auf seiner Reise selbst Uli-Figuren, Masken oder Schrumpfköpfe erwirbt, den kulturellen Ausverkauf in Deutsch-Neuguinea. Er spricht als Patriot, vor allem aber als Maler: Die Artefakte müssten „erhalten, und zwar für Deutschland" erhalten bleiben. Eben weil in ihnen nach seiner Überzeugung „neben dem wissenschaftlichen auch ein künstlerischer Wert liegt". Viele Künstler lassen sich in dieser Zeit von den Kult- oder Kunstgegenständen außereuropäischer Kulturen inspirieren – nicht alle sind wie Paul Gauguin, Paul Klee, Max Pechstein oder Nolde selbst hingefahren. Im Städtischen Museum für Kunst und Kunstgewerbe in Halle etwa präsentiert Max Sauerlandt Noldes Gemälde *Der Missionar* als Mittelpunkt der ins Museum inkludierten Südseesammlung von Franz Emil Hellwig. Der Künstler setzt ihn daher noch aus der Südsee über seinen Vorstoß in Kenntnis ebenso wie Karl Ernst Osthaus, der im Folkwang Museum moderne Kunst und afrikanische Skulpturen kombiniert.

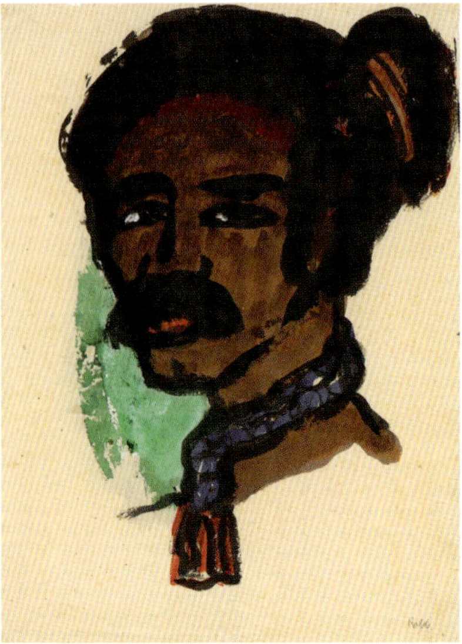

Männerbildnis mit Bart und Haarknoten, 1913/14, Aquarell und schwarze Tusche, 50,4 × 38,5 cm

Etwas früher als geplant treten Ada und Emil am 16. Mai an Bord der *Manila* über Celebes, Java, Birma und Aden die Rückreise an. In Europa braut sich bald darauf der Erste Weltkrieg zusammen. Während sie im August, nun schon im Kriegsgeschehen, durch den Sueskanal über Umwege Kurs auf die Heimat nehmen, wird die *Schlesien* samt dem vorgeschickten Hauptgepäck – und Noldes Bildern – gekapert. Sie selbst gelangen über Genua am 7. September 1914 nach Berlin und sind Mitte des Monats wieder in Alsen – fast ein Jahr waren sie unterwegs. Sieben Jahre später tauchen auch Noldes Südseegemälde in einem Warenhaus in Plymouth wieder auf. Selbst das in den Wirren teilweise zurückgelassene Handgepäck wird ausfindig gemacht, begraben unter fremdem Zeug liegen seine Zeichnungen: „Einer der dunklen braunen Menschen guckte hervor nach dem anderen und die Palmen, das Meer und die glutvolle Sonne."

Die Bilder hat er wieder, die politischen Umstände haben sich grundlegend geändert. Nach dem Krieg ist Deutschland kein Kaiserreich und keine Kolonialmacht mehr. Wie wird Nolde sich in der neuen Republik behaupten?

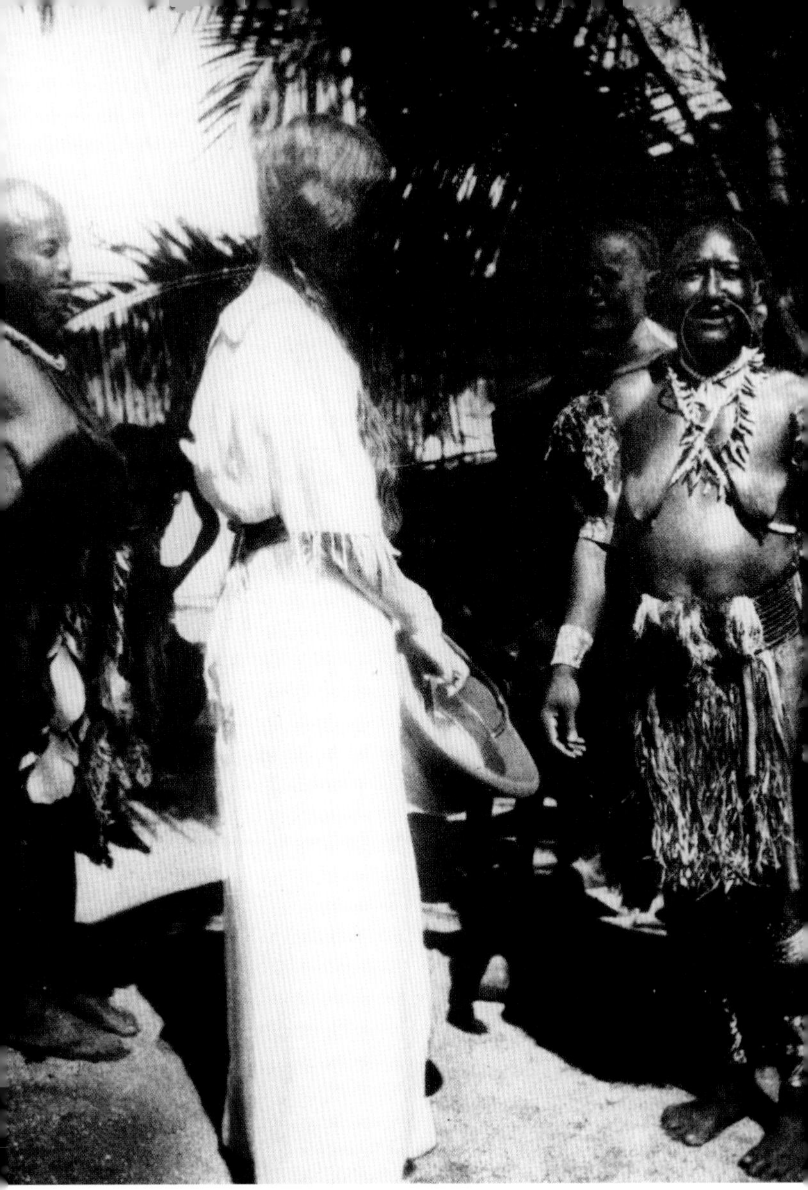

Ada Nolde auf der Insel Manus, April 1914,
Archiv der Nolde Stiftung Seebüll

Der etablierte Künstler

Im Februar 1913 veranstaltet Max Sauerlandt eine Nolde-Ausstellung im Halleschen Kunstverein. Nach der Schau erwirbt der erst 33-Jährige unter anderem die Gemälde *Blumengarten mit Figuren* und *Abendmahl* für sein Museum: Er ist Direktor des Städtischen Museums für Kunst und Kunstgewerbe in Halle. Als der Bürgermeister eine Gehaltserhöhung für seinen ambitionierten Museumsmann fordert – für solch skandalöse Ankäufe! –, regt sich Widerstand. Es geht um öffentliche Steuergelder. Nicht nur das Stadtparlament erregt sich. Wilhelm Bode, Generaldirektor der Staatlichen Berliner Kunstsammlungen, verurteilt den Ankauf der „Kubisten, Expressionisten, Futuristen usw." in der Zeitschrift *Der Kunstfreund* scharf: So etwas schauten sich die Leute doch nur an, „um etwas ‚Neues' zu sehen und einmal recht ordentlich zu lachen." Er plädiert für den „echten dauernden Kunstwert". Sauerlandt hält in einem offenen Brief dagegen und macht das Recht der Sammlungsleiter geltend, durchaus für die Kunst der Gegenwart einzutreten – und auch für Nolde, dessen Werke er vielfach in Halleschen Privatbesitz vermittelt.

Ada und Emil sind aus der Südsee zurückgekehrt und zu Hause herrscht Krieg. Den hat Nolde bereits in drei seltsam zeitlos anmutenden, auf das Jahr 1913 datierten Gemälden gemalt, eines zeigt eine Reihe strammer Soldaten, rotgesichtig und mit Bajonetten bewehrt. Mit dem tatsächlichen Geschehen setzt sich der Künstler nicht auseinander – anders als seine jüngeren Kollegen Otto Dix, Paul Klee und so viele andere, die an der Front stehen. Nolde geht auf die Fünfzig zu und muss nicht mehr kämpfen. Als sie 1916 nach Utenwarf an die Westküste ziehen, fühlt sich der Künstler dem Gröbsten entwachsen: In Alsen hätten sich die schwersten künstlerischen, technischen

Mich sehnte nach hoher, freier Luft, nach herber, starker Schönheit, so wie die Westküste mit ihrer weiten Himmelsspannung und den Wolken über Marschland und Wasser besonders in den rauhen [sic] Jahreszeiten sie so verschwenderisch gibt.

Emil Nolde: *Welt und Heimat. Die Südseereise 1913–1918. Geschrieben 1936 von Emil Nolde*, Köln 2002, S. 147.

und materiellen Spannungen gelöst. Trotz des Krieges laufen die Geschäfte gut. Zudem kauft ihm das Kolonialamt, vermittelt auch durch Osthaus, 50 Südseeaquarelle für 500 Reichsmark das Stück ab.

POLITIK UND EIGENSINN

1919 wird Nolde Mitglied des neu gegründeten Arbeitsrates für Kunst. Neben Malern, etwa den Brücke-Künstlern, sind viele Architekten dabei. Sie streben den institutionellen Bruch mit dem Kaiserreich an, die Vereinigung der Künste unter der Prämisse des Bauens und letztlich die Einheit von Kunst und Volk. Es bleibt eine Episode, schon 1921 löst sich die Gruppe auf, und Nolde geht weiter eigenen Gedanken nach. In den Wochen um Ostern reisen sie 1919 auf die Nordseeinsel Föhr. Ada verweilt in Dr. Carl Gmelins Nordseesanatorium, während er nach Hallig Hooge fährt. Dort entstehen abermals viele Aquarelle, in denen auch seine Spuk- und Fantasiegestalten wiederkehren:

„Die merkwürdigsten Wesen mit ihren Tollheiten belebten seine Stube und sie gingen mit ihm auf seinen Halliggängen, ihn fast sichtbar umschwirrend", erinnert er sich. Das soll keinesfalls spinnert sein, sondern sehr nordisch. Er hält das an anderer

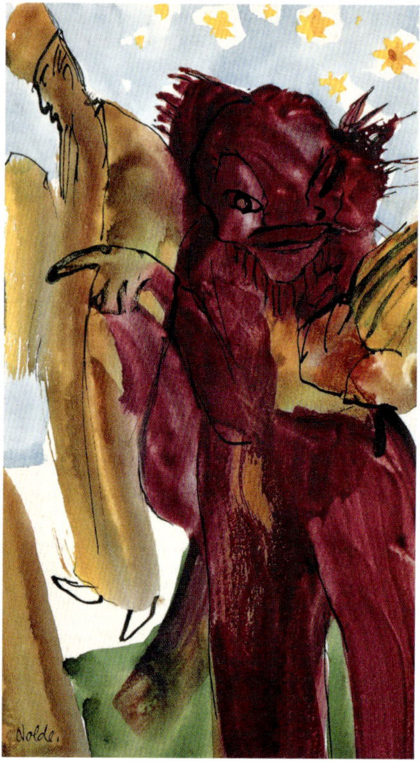

Die Zweiheit hatte in meinen Bildern und auch in der Graphik einen weiten Platz erhalten. Mit- oder gegeneinander: Mann und Weib, Lust und Leid, Gottheit und Teufel. Auch die Farben wurden einander gegenüberstellt: Kalt und warm, hell und dunkel, matt und stark.

Emil Nolde: *Jahre der Kämpfe*, Berlin 1934, S. 181.

Teufel und Geistlicher,
Hallig Hooge 1919,
Aquarell, 25,2 × 14,6 cm

Stelle genauer fest: „Die südlich geborenen Völker erfassen nur schwer das Dämmrige, Phantastische des Nordens, diese Stunden der Phantasieregungen, im Leben und in der Kunst [...]. Uns wieder fällt es schwer, ausschließlich an dem Reiz der sonnenhellen Oberfläche Genüge zu finden." Als erschöpfe sich das Schaffen der französischen Impressionisten, die hier wohl nicht zuletzt gemeint sind, in einer rein bildnerischen, gleichsam seelenlosen Arbeit. Ihre intellektuelle Durchdringung des Sehens, die komplexen Farbtheorien lässt Nolde aus. Er mag sich für das Unsichtbare interessieren, das Metaphysische, und experimentiert doch genauso mit der Oberfläche: Erprobt, wie die Linie eine ganze Fläche aktivieren kann, wie die Farben

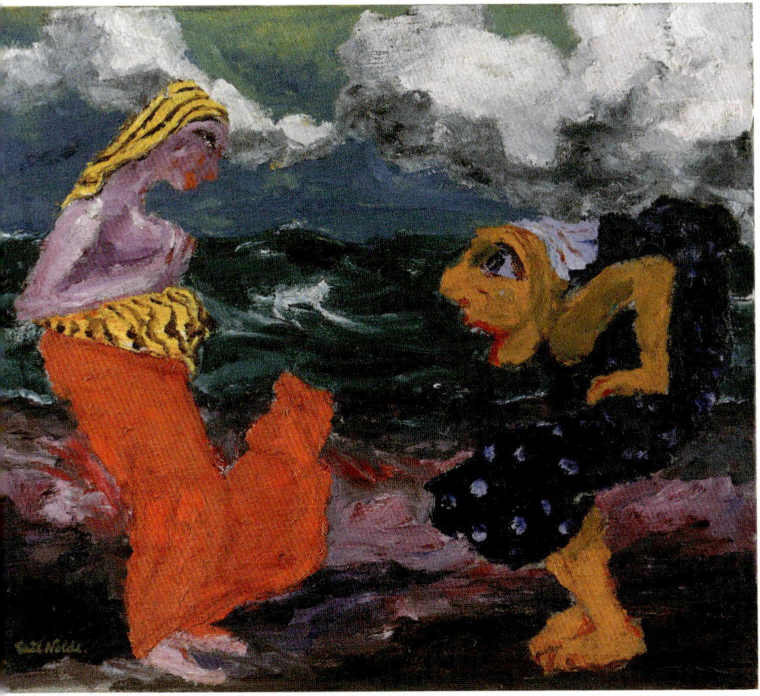

Begegnung am Strand, 1920, Öl auf Leinwand, 86,5 × 100 cm

aufeinander und das Schwarz reagieren. Und emotional wirken seine Bilder, die der Menschen und grotesken Wesen ebenso wie jene der Natur. In dem Gemälde *Begegnung am Strand* führt Nolde diese nun zusammen: Das Wogen des Meeres und das kraftvolle Spiel der Elemente werden in die rhythmischen Bewegungen der seltsamen Frauenwesen und ihrer flatternden Röcke, in einen Wechsel kalter und warmer Farben übersetzt.

Anfang 1921 reisen Ada und Emil auf der Suche nach Noldes verlorenen Tropenbildern nach London – fündig werden sie, wie erwähnt, in Plymouth – und schließen von Paris aus eine Spanienreise an. Granada ist das Hauptziel. Nolde malt auch

Nordfriesische Landschaft mit Bauernhaus, o. Dat., Aquarell, 22,8 × 27,4 cm

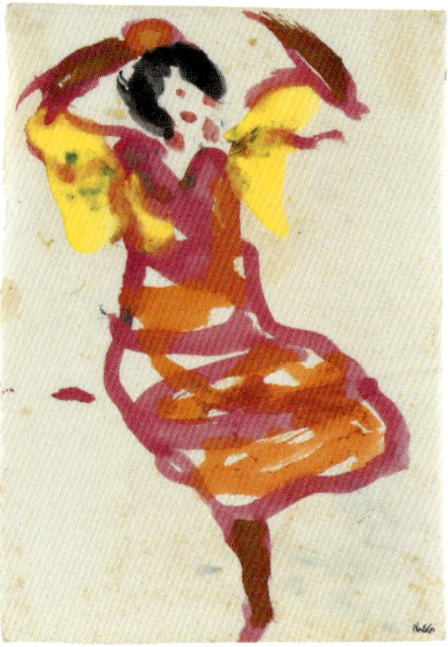

Tänzerin, Kleid rot, orange, gelb, o. Dat., Aquarell, 48,4 × 34,9 cm

die Alhambra, sie wohnen ganz in der Nähe. Vor allem interessieren ihn jedoch die Menschen: Temperamentvolle Tänzerinnen in farbenfrohen Kleidern und die braunhäutigen Gitanos, die „zeichnete und malte [er] dauernd".

WEITERE ERFOLGE

Es ist ein wichtiges Jahr. Sauerlandt, inzwischen Direktor am Museum für Kunst und Gewerbe in Hamburg, bringt die erste Nolde-Monografie heraus, und Carl Georg Heise zeigt seine religiösen Bilder in der Lübecker Katharinenkirche. Man denke an den Streit um das *Abendmahl* oder die Entzündungen an Noldes neunteiligem Zyklus *Das Leben Christi* (1911/12), den ein Kritiker eine „Vollbewußte Perversion des Ästhetisch-Vernünftigen und Historisch-Entwickelten" schimpfte. Und jetzt? Erlebt man seine Bilder im sakralen Raum und ist eingeladen, Parallelen zu ziehen. Nolde ist sowohl für die Avantgarde, für die Kirche als auch für die Völkischen Bewegungen anschlussfähig: Das *Kunstblatt* schreibt im Mai 1922 anlässlich zweier Ausstellungen bei Ludwig Schames in Frankfurt: „Nolde ist der germanischste unter den Künstlern der Gegenwart. Von

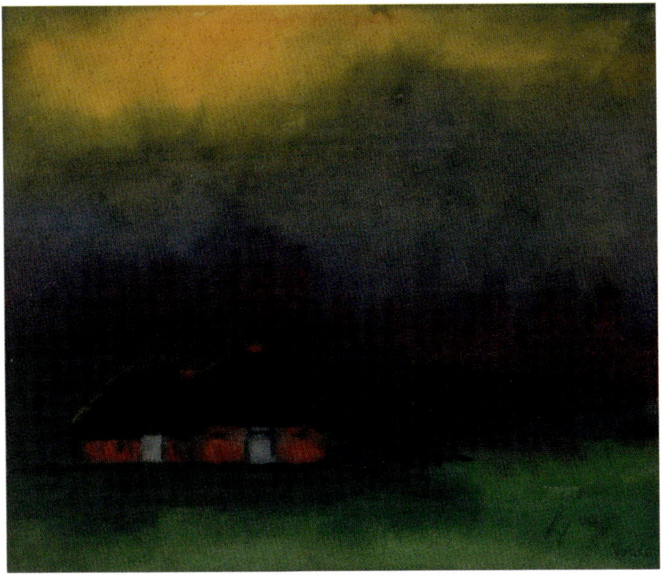

keiner Reflexion abgeschwächt, lebt in ihm ungebrochen das urgermanisch-mystische Erschauern vor den Erscheinungen der Welt fort."

Der Künstler wird solche Kritiken wohlwollend zur Kenntnis nehmen. Momentan plagen ihn jedoch ganz prosaische Probleme. Seinem Freund Fehr schreibt er 1925: „Es vertragen meine Augen nicht den krassen Gegensatz von Schwarz u. Weiß, ich kann nicht lesen u. schreiben. Vergehe ich mich, habe ich es für Tage u. Monate zu büßen. Farben vertragen sie gut, oft können sie wohltuend sein." Während sein druckgrafisches Schaffen, die Radierung, die Lithografie und, von sechs noch 1937 entstandenen Arbeiten abgesehen, auch der Holzschnitt in den 1920er-Jahren endet, konzentriert sich Nolde auf die Malerei – auf der Leinwand wie auf dem Papier. Die Landschaft seiner Heimat bleibt ein zentraler Bezugspunkt: Himmel, Meer und Land in all ihren Regungen, Licht- und Farbspielen.

Noldes Meeresbilder unterscheiden sich dabei oft kaum von seinen Bergdarstellungen. 1924 reisen Ada und er erstmals gemeinsam in die Schweiz, Hans Fehr wohnt mit seiner Familie inzwischen in Muri bei Bern. In seinen Aquarellen lotet Nolde die ästhetische Vielfalt der „blauen Stunde" aus, der nahenden Dämmerung, die die schneebedeckten Gipfel in berückend schöne Färbungen kleidet.

DER KÜNSTLER ALS BAUHERR

Nach der Volksabstimmung im Grenzgebiet Schleswig gehört Utenwarf ab 1920 zu Dänemark. Nolde ist seitdem dänischer Staatsbürger. Das ist kein Problem für ihn, sehr wohl jedoch die offensiven Entwässerungsmaßnahmen, durch die er alle „Natur- und Urschönheit" vernichtet sieht. Als dann noch die Abwässer aus Tondern in die Wiedau gelassen werden, suchen sich Emil und Ada ein neues Zuhause. Sie finden es auf einer nur wenige Kilometer südlich gelegenen Warft in Neukirchen. 1927 beginnt der Bau von Haus Seebüll nach eigenen Entwürfen. Zunächst wird das rechteckige Atelier errichtet: Nördlich gelegen stellt es das gleichmäßige Licht sicher, das an den Längsseiten durch jeweils zwei niedrig platzierte Fenster fällt. Es folgt das mit diesem verbundene, ebenfalls flach gedeckte, Wohnhaus, das sich nach Süden hin öffnet. Der Grund-

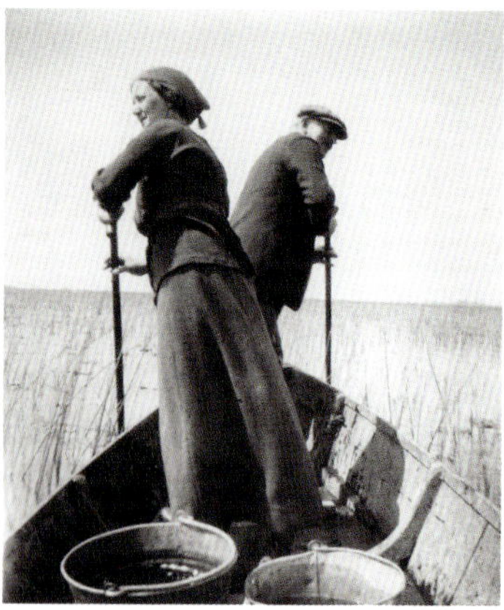

Ada und Emil Nolde im Fischerboot, Ruttebüll um 1920, Archiv der Nolde Stiftung Seebüll

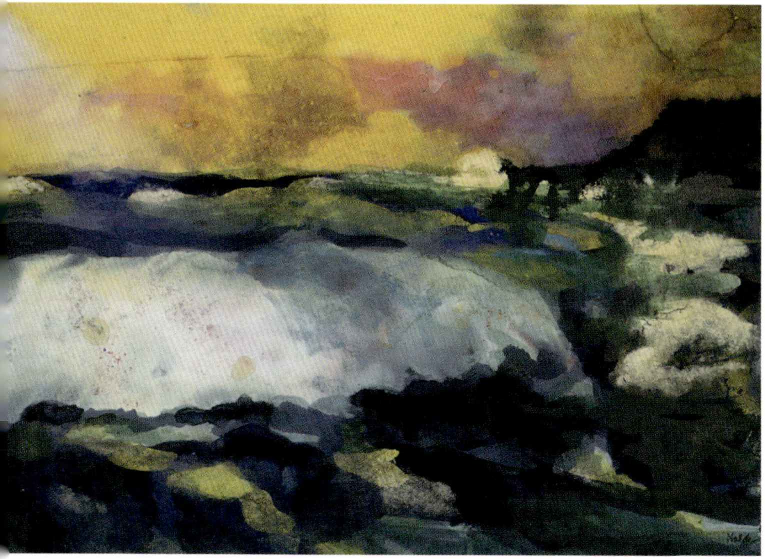

Meeresbrandung, 1915, Aquarell auf Japanpapier, 35 × 47 cm (Detail auf Cover)

riss ist „eigenwillig“, weil Nolde ihn dem „Gang der Sonne folgend“ sechseckig anlegt, und besteht aus einem zweistöckigen Mittelteil sowie zwei seitlichen Erkerbauten mit geschwungenen Blechdächern. Der Einfluss des Bauhauses ist nicht zu übersehen. Am 7. August wird der Bauherr 60 Jahre alt. Rudolf Probst, der seine Galerie Neue Kunst Fides 1923 mit Noldes Kunst eröffnet hat, veranstaltet eine große Überblicksausstellung und gibt eine Festschrift heraus, darin etwa Paul Klee dem „Wahlverwandtschaften“ huldigt, beginnend mit: „Nolde, die uralte Seele“. Sauerlandt veröffentlicht eine Nolde-Briefedition und Schiefler den zweiten Band seines Werkverzeichnisses der Druckgrafik. Nolde wird sogar Ehrendoktor der Theologischen Fakultät der Kieler Universität, weil er „in unermüdlichem Ringen sich bemüht hat der Kunst unserer Zeit neue Wege zu ebnen und neue Form zu geben [...].“ Auf Ludwig Mies van der Rohes Gebäudeskizzen steht entsprechend: „Haus

Dr. Emil Nolde". Nolde hat den Architekten, der gerade in der Planung des Barcelona-Pavillons für die Weltausstellung steckt und bald zum Bauhausdirektor berufen wird, mit dem Entwurf einer Villa in Berlin-Dahlem beauftragt. Van der Rohe entwirft Nolde ein geräumiges Haus mit Atelier und großem Bildersaal. Das soll keine kleine Filiale werden, sondern eine gebührende Repräsentanz – jetzt, wo er in Berlin gelandet ist.

Lange hat der erste Ankauf auf sich warten lassen. In der Eröffnungsschau der Neuen Abteilung der Nationalgalerie war Nolde 1919 zwar mit eigenem Raum vertreten. Dies jedoch mit Leihgaben, angekauft hat Ludwig Justi nichts, und so wird Nolde im 1921 erschienenen Band zur Neuen Kunst zu seinem Ärger auch nicht erwähnt. 1928 stellt Justi dann die „Neuere deutsche Kunst aus Berliner Privatbesitz" im Kronprinzenpalais aus. Laut Katalogvorwort werden nur Werke gezeigt, „die ihren eigenen Maßstab der Bewertung in sich haben und nicht von der Schätzung des internationalen Marktes getragen werden". Nolde ist wieder dabei. Aber nicht nur das. Parallel macht sich der Direktor der Nationalgalerie für den Ankauf des Gemäldes *Die Sünderin* stark: Bei Nolde selbst, der es offenbar nicht gleich hergeben

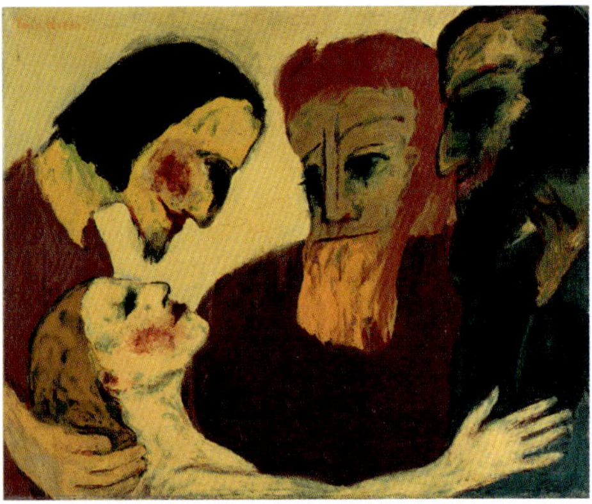

Die Sünderin, 1926, Öl auf Leinwand, 86 × 106 cm

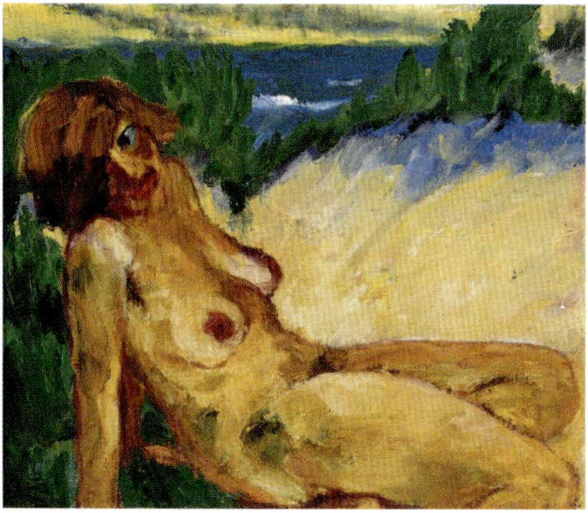

Dünenweib, 1930, Öl auf Leinwand, 73,5 × 88 cm

mag, und bei Adolf Grimme, dem Kultusminister, den er um finanzielle Unterstützung für das Werk eines Künstlers bittet, der, so Justi, „für manche Beurteiler, und nicht die schlechtesten, sogar als der wichtigste" Künstler in Deutschland gelte. Der Ankauf glückt: für 25 000 Reichsmark.

Das Berliner Bauprojekt scheitert jedoch an den Finanzen. Noldes mieten stattdessen eine große Wohnung in der Bayernallee 10 in Westend. Der Winter 1929/30 fördert derweil erhebliche Mängel am Haus Seebüll zutage. Nolde holt den Flensburger Architekten Georg Rieve zu Hilfe. Der lässt die Fundamente untermauern, die Fenster neu verfugen und die Gebäude mit rotblauem Bockhorner Klinkerstein ummanteln. Während Ada am Bau die Stellung hält, zieht sich Nolde Ende August 1930 nach Sylt zurück. Zahlreiche Meeresbilder und Porträts entstehen – Letztere vielfach nach Margarete Turgel, die mit ihrem Mann wie er im Haus Kliffende logiert. Ein junges, weltgewandtes Paar, jüdisch übrigens, mit dem er den ersten Band seiner Autobiografie korrekturliest. Ada ist eifersüchtig, und sicher ist, dass Nolde Frau Turgel als Akt malen wollte. Offiziell hat sie abgelehnt und im Badeanzug posiert. Im *Dünenweib* wurde die Dame, die eigentlich tiefdunkle Haare hat, gleichwohl erkannt.

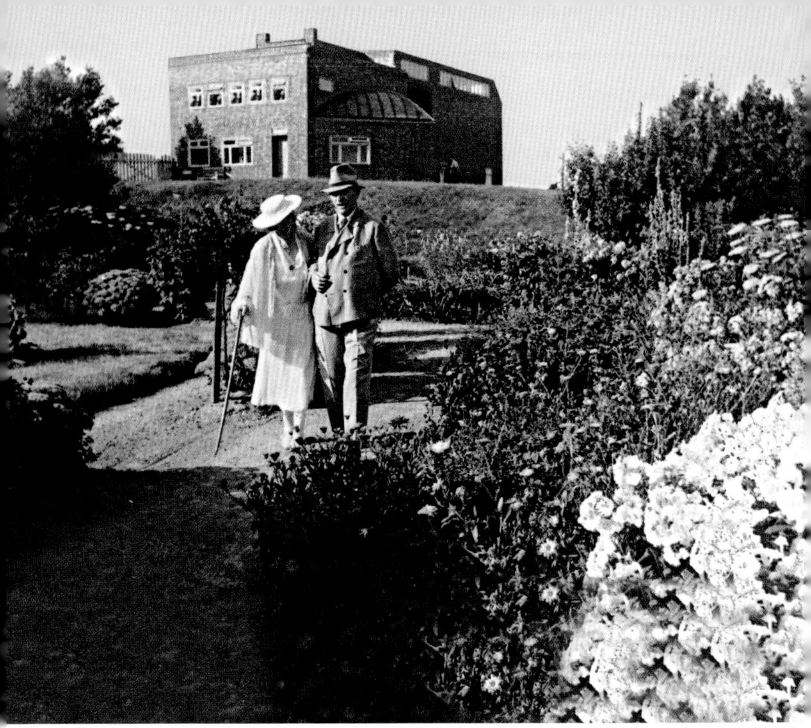

Ada und Emil im Garten, im Hintergrund Haus Seebüll, um 1940, Archiv der Nolde Stiftung Seebüll

In Seebüll geht diesmal alles gut, und so steht der Bau bis heute da: Ein trutziges Künstlerhaus, das sich von der flachen Marschebene erhebt. Ein Gesamtkunstwerk, in dem jedes Zimmer seine Farbe hat und das ohne den Garten nicht zu denken ist. A – E, es sind Adas und Emils Initialen, welche die Platzierung der Beete und die Wegeführung zwischen den Schwertlilien, Rittersporen und all den anderen Stauden und Bäumen vorgeben. 1937 wird das Ensemble um ein Geschoss für den Bildersaal ergänzt, den hätte sein Berliner Haus ja ebenfalls haben sollen.

Nolde im Nationalsozialismus

DIE SELBSTERZÄHLUNG

1931 erscheint *Das eigene Leben,* der erste Band von Noldes Selbsterzählung. Er schildert seine Geschicke bis zur Heirat mit Ada und dem damit verbundenen Namenswechsel. Seine bäuerliche Herkunft und einfache Bildung sind augenfällige Gegensätze zu den bürgerlichen Biografien manch anderer Künstler, zum Beispiel der von Max Liebermann.

Am 30. Januar 1933 wird Adolf Hitler Reichskanzler und Nolde am 15. Mai erstmals aufgefordert, aus der Akademie der Künste auszuscheiden. Im Herbst 1934, kurz nach seinem Eintritt in die Nationalsozialistische Arbeitsgemeinschaft Nordschleswig (NSAN), erscheint der zweite Band: Spannende Jahre einer künstlerischen Entwicklung sind es – und zugleich von ihm überdeutlich gezeichnete Widerstände. Nicht umsonst heißt das Buch *Jahre der Kämpfe*. Noch 1929 hat er einen Brief an Gustav Schiefler von 1911 zurückgefordert, in dem er unter Eindruck des Secessionskonflikts eine Kunstwelt beschreibt, die unterwandert sei von Juden, die „ihre schlängelnden langen Arme schon über das ganze Land hinaus" streckten. Da war der Antisemitismus zwar schon virulent, doch noch nicht salonfähig. Jetzt kann er sich sicher fühlen und den Vorfall kräftig ausmalen: Der jüdische Altmeister des Impressionismus – der „Zwitterkunst", die aus Frankreich stammt – und er, der „ungeschickte Junge vom Lande mit meinem [seinem] Glauben an Recht und Menschlichkeit". Der junge Maler, der es wagte, ihn, ja die „in allen Künsten herrschende jüdische Macht", herauszufordern – und jahrelang von einer „allherrschende[n] Presse, die ohnehin das Deutschgeborene nur halbwegs leiden konnte" gequält wurde. Das Buch verfehlt seine Wirkung nicht.

Streit um die deutsche Kunst

Die nationale Rivalität innerhalb Europas, vor allem gegenüber Frankreich, wird auch in der Kunst ausgetragen. Manche reiben sich daher an der Bedeutung, die der französischen Kunst im Kunstsalon Cassirer zuteil wird. Diesbezüglich fasst die Zeitschrift *Der Kunstwart* die Unterschiede zwischen den „Germanen" und den Franzosen wie folgt zusammen: „Wir wollen in die Tiefe und der Durchschnittsfranzose, das weiblichere Volk, bleibt spielend an der Oberfläche der Dinge, ganz von ihren tausend feinen Maskensplittern gefangen genommen." 1911 erscheint der *Protest deutscher Künstler* mit einem Vorwort des Malers Carl Vinnen. Anlass ist hier der Erwerb von Vincent van Goghs Gemälde *Mohnfeld* durch die Bremer Kunsthalle für 30 000 Mark. „Vertiefung, Phantasie, Empfindung" werden erneut als typische Merkmale deutscher Kunst ausgemacht. Die Qualität der französischen Kunst und ihre befruchtende Wirkung werden anerkannt, jedoch wird ein Zuviel der „fremden Einflüsse" beklagt. Unmut wird auch über den modernen Kunstbetrieb geäußert, über die „Ästheten", die Kunstkritiker, deren Meinungen zu viel gelten würden, und die Preisentwicklungen des Handels. Gustav Pauli, der Direktor der Kunsthalle, antwortet mit einem Plädoyer für eine freie Kunstentwicklung.

Für die Nationalsozialisten ist die Kunst von vornherein deutsch. Es stellt sich jedoch die Frage, wie sie aussehen soll. Man streitet darüber, ob der Expressionismus als zeitgemäße „deutsche Ausdruckskunst" dem Erneuerungsbestreben der Nazis entspricht oder aber in seinen übersteigerten, sogar grotesken Formen eine Verhöhnung des Volkes darstellt. In Hitlers Rede zur Eröffnung der ersten *Großen Deutschen Kunst-*

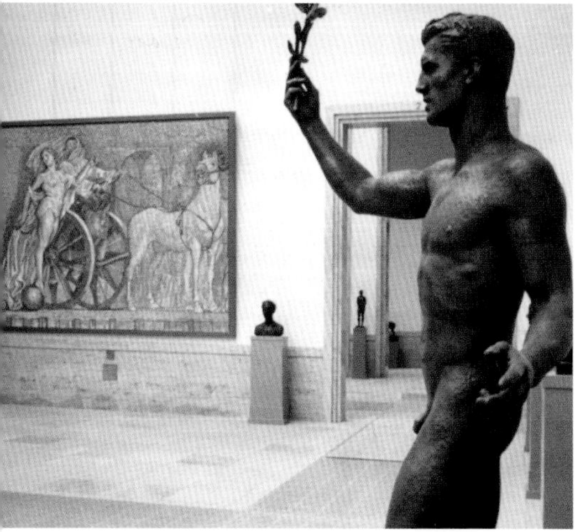

Große Deutsche Kunstausstellung, München, Haus der Deutschen Kunst, 1937. Im Hintergrund ein Mosaik von Hermann Kaspar, vorne die Skulptur *Der Sieger* von Ottmar Obermaier

ausstellung am 18. Juni 1937 im Münchner Haus der Deutschen Kunst (Haus der Kunst) wird der kulturpolitische Richtungsstreit klar gegen die modernen Künstler, als die „bedauerliche[n] Unglückliche[n], die ersichtlich am Sehvermögen leiden", entschieden. Die deutsche Kunst soll die Dinge nunmehr zeigen, wie sie sind – oder wie sie sein sollten. Mit Blick etwa auf die ausgestellten Werke wird dies durch Künstler wie Adolf Wissel, Hermann Kaspar oder Arno Breker gewährleistet, die einen akademisch geprägten Stil pflegen und etwa Motive des Familien- und Arbeitslebens sowie idealtypische Akte bearbeiten. Weitmöglichst über Bord zu werfen ist derweil alles, was die moderne Kunst zum subjektiven Sehen und Wahrnehmen ausprobiert und psychologisch vertieft hat, von parodistischen Ausdrucksformen ganz zu schweigen. Solche Werke – etwa des Dadaismus, Surrealismus oder Expressionismus –, die zuvor aus namhaften Museen landesweit beschlagnahmt wurden, werden in der zeitgleichen Propagandaausstellung *Entartete Kunst* in den Arkaden des Münchner Hofgartens präsentiert. Bis 1941 wird diese in zwölf weiteren Städten veranstaltet.

Intellektuelle Kunstliteraten nennen mich Expressionist; ich mag diese Beengung nicht. Deutscher Künstler, das bin ich. Als später Futuristen und Konstruktivisten diese Bezeichnung für sich beanspruchten, war es mir wie eine Befreiung.

Emil Nolde: *Jahre der Kämpfe*, Berlin 1934, S. 182.

„Wie war dieser Nolde immer unerschütterlich und sich selbst gleich." Schiefler empfindet den altertümlichen Satzbau als „ursprünglich" und „heimatlich", und selbst Margarete Turgel ist angetan. Thekla Hess, ebenfalls Jüdin, hingegen ist fassungslos: „Sie haben ihr Buch ‚allen Freunden Ihrer Kunst' gewidmet, dass sehr viele Juden sich darunter befinden, haben Sie wissen müssen". Dem Sammler Carl Hagemann versichert Ernst Gosebruch, dass er wenig von den „zahlreichen antisemitischen und allzuteutschen Abschnitten" halte, diese „Gefühle" jedoch seit Jahren bei Nolde kenne.

Der Streit um die deutsche Kunst schwelt schon länger; nach der Machtergreifung der Nationalsozialisten gewinnt er an Schärfe. Noldes Bilder haben sich als anschlussfähig in avantgardistische, religiöse wie völkische Richtungen erwiesen. Daran lässt sich für ihn anknüpfen: Er ist gegen das Flüchtige, gegen die Mode, gegen die „Ismen". Freilich wurden seine Werke – grobe Formen, fulminante Farben, übersteigerte Gesten – expressionistisch genannt.

Allein der Wirkung seiner Bilder mag er nicht vertrauen. Im März 1931 haben Ada und er den Vortrag von Paul Schultze-Naumburg besucht, der für den Kampfbund für deutsche Kultur durchs Land reist. In seinem Band *Kampf um die Kunst* erkennt der Autor das „höchste Ziel der Kunst" in einem „rassischen Zielbild", das dem „deutschen Menschen nordischer Prägung" entspricht. Gefragt sind klar konturierte Vorbilder, bestenfalls am Mittelalter orientiert, in denen sich der Mensch selbst und seine Sehnsucht erkenne. Auch heftige Gemütsäußerungen wären bildwürdig, jedoch nur mit der richtigen „Einstellung, in der es dargestellt ist" – nämlich formal intakt in ihrer Erscheinung. Die Figuren eines Marc Chagall, Pablo Picasso, Oskar Schlemmer oder Nolde, der gleich anfangs mit dem Gemälde *Verlorenes Paradies* gezeigt wird, sind für Schultze-Naumburg „grausam entstellte Menschen, wie wir sie in Kliniken, in Idiotenanstalten oder an Orten finden, wo sich Krankes und Verkommenes unseres Menschengeschlechtes sammelt."

Ein Teil der NS-Parteigänger fühlt sich dadurch repräsentiert, der andere fordert für eine neue Zeit auch eine neue Kunst. Die Berliner Gauzeitung *Der Angriff* preist zum Beispiel *Das Leben Christi* als „Protestschrei" gegen den „materialistischen Impressionismus". Joseph Goebbels, Reichspropagandaleiter, lässt diejenigen, die den „nordischen Expressionismus" zur Staatskunst machen wollen, anfangs gewähren. Hoch gehandelt wird: Emil Nolde, über den George Grosz aus dem Exil bemerkt, er habe nun seine „big chance". Im Juli 1933 veranstalten die Maler Otto Andreas Schreiber, aktiv im Nationalsozialistischen Deutschen Studentenbund, und Hans Weidemann, Propagandareferent im Dienst von Goebbels, die Ausstellung *Dreißig deutsche Künstler* in der Galerie von Ferdinand

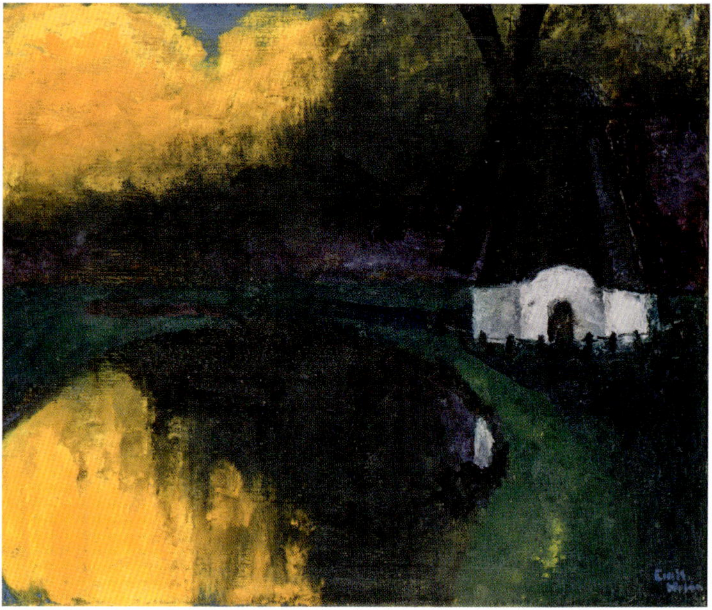

Nordermühle, 1932, Öl auf Leinwand, 73 × 88 cm

Möller in Berlin: Neben Ernst Barlach, Wilhelm Lehmbruck, Karl Schmidt-Rottluff und Max Pechstein ist auch Nolde vertreten, etwa mit dem Gemälde *Nordermühle*. Vor allem Weidemann, der bewusst gegen den Kampfbund agiert, versucht Nolde ganz vorne zu etablieren. Nolde wird für die Leitung der neuen Reichskammer der bildenden Künste ins Gespräch gebracht, was Goebbels jedoch ablehnt. Auch die Leitung der Staatsschulen für freie und angewandte Kunst, die dann Hans Poelzig kommissarisch übernimmt, wäre eine repräsentative Stelle gewesen. Dass Nolde Max Pechstein – unbegründet – als Juden denunziert, soll den Kollegen womöglich als Kandidaten disqualifizieren. Ada und Emil sind voller Hoffnungen, im August schreibt sie ihrem Mann: „Alle sagen hier, dass der Name Nolde in aller Mund ist, und daß er in das Bewusstsein der Nation jetzt übergeht."

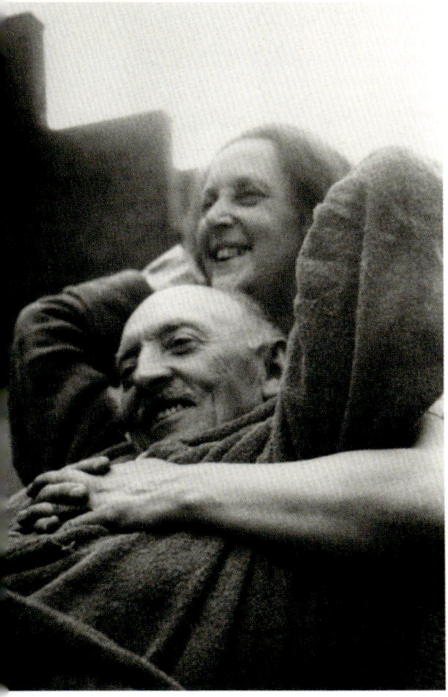

da und Emil Nolde, um 1936, Foto: Albert Renger-
tzsch, Archiv der Nolde Stiftung Seebüll

Zur Gründungsfeier für die neue Reichskulturkammer im November 1933 sind sie eingeladen und im selben Monat wohnt Nolde auf Einladung Heinrich Himmlers sogar dem 10. Jahrestag des Hitlerputsches in München bei, der samt Rede des „Führers" feierlich begangen wird. Das hat er der Galeristin Erna Hanfstaengl – einer Freundin von Adas Freundin „Mäuz" Stickforth, verwitwete Osthaus – zu verdanken, die mit der Frau des Reichsführers SS befreundet ist. An Hans Fehr schreibt Nolde, dass der „Führer groß u. edel in seinen Bestrebungen u. ein genialer Tatenmensch" sei. Was hätte der wohl zu dem „Entjudungsplan" des Künstlers gesagt, der allen kulturellen Niedergang in der „Rassenvermischung" begründet sieht? Werner von Oppen, Museumsreferent im preußischen Kultusministerium, hatte Nolde davon abgeraten, den Text zu schicken: Es könnte anbiedernd sein. Nolde hat das Papier später vernichtet; der Reaktion von Oppens nach zu urteilen, sah es eine territoriale Trennung der Rassen vor und die „Gründung vom jüdischen Reich, in einem gesunden, fruchtbaren Erdteil", wie er in seiner Autobiografie schreibt.

ERFOLGREICH BLEIBEN!

Die Noldes wollen im Nationalsozialismus eine wichtige Rolle spielen, in einer neuen Gesellschaft und einem neuen Kunst-

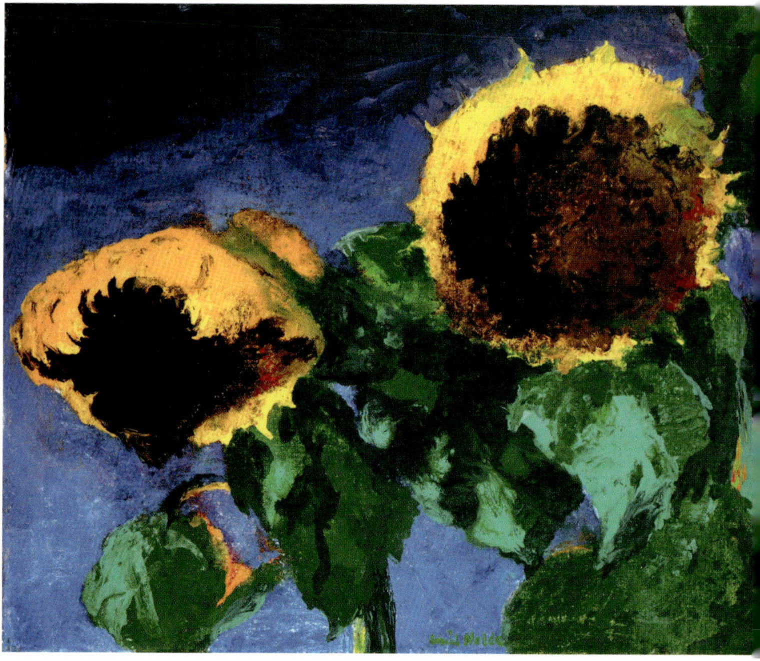

Reife Sonnenblumen, 1932, Öl auf Leinwand, 73,5 × 89 cm

betrieb, in dem viele frühere Bekannte keinen Platz mehr haben: Carl Georg Heise wird des Amtes enthoben, Max Sauerlandt zwangsbeurlaubt und auch Ludwig Justi zum Rücktritt genötigt. Ada, die noch dessen „weiche, schwankende Haltung" moniert, kann von Oppen zugleich Alois Schardt als Nachfolger empfehlen, der am Museum in Halle ein wahres Nolde-„Heiligtum" eingerichtet habe. Man müsste Hitler von Noldes Kunst überzeugen, am besten ganz beiläufig. Frau Hanfstaengls Bruder Ernst ist Auslandspressechef und steht Hitler nahe. Ludwig Thormaehlen, Kustos an der Nationalgalerie, ist eingeweiht, und so reisen neun Werke, darunter *Reife Sonnenblumen*, nach München, wo sie in Ernst Hanfstaengls Wohnung und Ernas Galerie am Karlsplatz platziert werden. Ergebnis? Hitler hat nicht aufbegehrt. Den nächsten Vorstoß unternimmt Schardt selbst. Als Frau Goebbels das Berliner Kronprinzenpalais auf der Suche nach Kunst für die neue Dienstwohnung ihres Mannes betritt, kann er sie zunächst auch von zwei Blumenaquarellen Noldes überzeugen – neue Politik brauche eben neue Kunst. Wobei die Landschaften sicher leichter „gehen" als Figürliches: Selbst ein fanatischer Parteiideologe wie Alfred Rosenberg, Gründer des erwähnten Kampfbundes, hat im *Völkischen Beobachter* ein Meeresbild aus dem Kronprinzenpalais lobend erwähnt.

Hitler sollen Goebbels' Noldebilder gar nicht erfreut haben, und als ihm das Ausmaß von Schardts Wirken klar wird – die Einrichtung einer „modernen Abteilung", die Noldes Werk krönend herausstellt –, wird der Direktor entlassen. Was sich die Museumsdirektoren hinter seinem Rücken erlaubten! Noch Wochen später schimpft er, der bekanntlich auch einst Maler werden wollte, „Nolde, das Schwein. Ja was sind sie denn sonst, diese Dreckskerle. Was er macht, sind doch immer Misthaufen". Von Hitlers Ausbruch weiß Nolde nichts. Das Unwohlsein, das ihn seit einer Weile plagt, hat sich als Magenkrebs entpuppt. So lautet die Diagnose, die er im Dezember 1935 erhält – doch die Operation in Hamburg-Eppendorf ist erfolgreich. Künstlerisch läuft es auch gut. Bereits im Herbst 1931 hat er gegenüber Fehr „ganz merkwürdige phantastische Aquarelle" erwähnt, die in diesen Jahren wieder zahlreich entstehen. Besondere Bedeutung misst er den „kleinen glühenden Blättern" bei, die er auch den Vorzugsbänden seiner zweiteiligen Autobiografie beilegt und neben den größeren Formaten 1934 bei Ferdinand Möller ausstellt. Der bald siebzigjährige Künstler empfiehlt sich mit märchenhaften Fantasien und zeitlosen Landschaften. Einem Journalisten sagt Nolde, er wolle „noch fünfzig Jahre leben, um all diese Bilder malen zu können", sie also als Gemälde auszuführen. Als „Ungemalte Bilder" werden die Blätter ein wichtiger Baustein der Legendenbildung um Emil Nolde. Mit Ada erfreut er sich derweil an der Vollendung der kleinen Aquarelle, wenn sie das neue Epidiaskop riesengroß an die Wand projiziert.

Selbst das Parteigericht muss feststellen, dass es „keine bindende parteiamtliche Stellungnahme" zur Kunstpolitik im NS-Staat gegeben hat: Bis zur Propagandaschau *Entartete Kunst,* die am 19. Juli 1937 in den Münchner Hofgarten-Arkaden parallel zur *Großen Deutschen Kunstausstellung* eröffnet wird. Am Ende der damit einhergehenden Museumskonfiszierungen ragt Noldes Position mit 1052 beschlagnahmten Werken auch deshalb heraus, weil am Folkwang Museum noch 1935 eine mit ca. 455 Blättern nahezu vollständige Kollektion seiner Druckgrafiken erworben wurde. Die Schau, die in wechselndem Zuschnitt in vielen weiteren deutschen Städten gezeigt wird, ist für Nolde kein vernichtendes Urteil: Er erhält sogar positive Rückmeldungen und notiert zufrieden die hohen Besucherzahlen. Er fürchtet jedoch um seine Bilder. Da er über einen dänischen Pass verfügt und Ausländern eine Sonderregelung zugestanden wird, kann Fehr die Rückgabe der Werke einleiten, die Nolde den Museen geliehen hat, darunter das *Leben Christi.* Nolde richtet sich direkt an Goebbels: Die Diffamierungen gegen ihn müssten aufhören, „weil ich vor Beginn der Nationalsozialistischen Bewegung als fast einzigster [sic] deutscher Künstler in offenem Kampf gegen die Überfremdung der deutschen Kunst, gegen das unsaubere Kunsthändlertum und gegen die Machenschaften der Liebermann- und Cassiererzeit [sic] gekämpft habe, [...]".

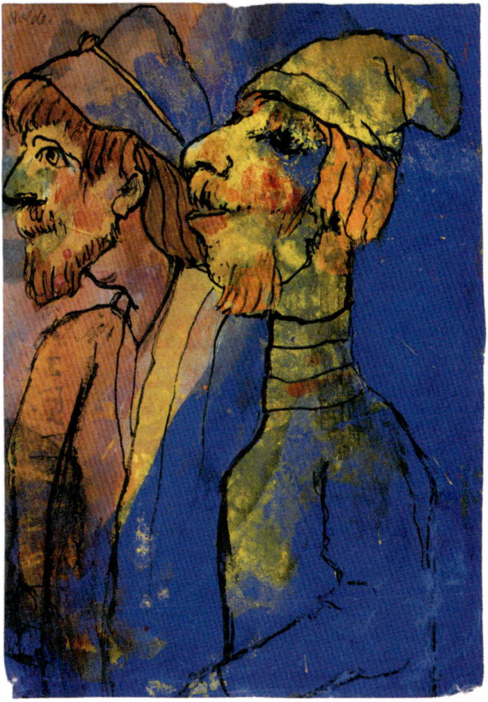

Gaut der Rote, vor/um 1938, Aquarell und Tusche, 25,6 × 18,36 cm

„Meine Kunst ist deutsch, stark, herb und innig“, schreibt er noch – und erhält seine privaten Bilder zurück. Aus den rund 20 000 „minderwertigen Kunsterzeugnissen“ aus Museumsbesitz wollen die Nazis hingegen Geld machen – mithilfe von vier Kunsthändlern, darunter Hildebrand Gurlitt. Nolde hat noch Glück: Der Schokoladenfabrikant Bernhard Sprengel kauft diesem das Konvolut aus dem Folkwang Museum ab, auch Noldes Schwager Aage Vilstrup und Hans Fehr erwerben Noldebilder „zurück“, letzterer die *Sünderin* aus der Berliner Nationalgalerie. Noldes sechsseitige Erklärung an NS-Pressechef Otto Dietrich, die letzte Zweifel an seiner ideologischen Integrität zerstreuen soll, bewirkt, dass sein Name nicht mehr mit der Schau verbunden werden darf.

Wie ist sein Werk jenseits aller Selbstbeschreibungen künstlerisch zu verorten? Religiöse Themen meidet er mit Hinweis auf das Dilemma eines Malers, der „einerseits von den Juden verfolgt wird, weil er sie als Juden malt, und andererseits von den Christen bekämpft wird, weil sie Christus und die Apostel als Arier gemalt sehen wollen". Zwischen den Sonnenblumen, Landschaften und Friesenkindern fallen die Wikinger auf. Punktuell hat er solche Bilder, die dem im NS-Staat gepflegten Germanenkult freilich in die Hände spielen, schon zuvor gemalt. Sie stehen auch mit den Sagen des isländischen Dichters Snorri Sturluson in Verbindung, die ihm Ada damals vorgelesen hat und in denen sie jetzt wieder schmökern. Von den drei 1938 entstandenen Gemälden hat sich einzig *Gaut der Rote* erhalten. Ein vorbereitendes Aquarell – eines der „Ungemalten Bilder", die in der Tat ein ums andere Mal „in Oel wiedergeboren" werden – ist in der Mimik und den Farbkontrasten noch etwas expressiver. Wie heroische Krieger sehen Gaut, eine Gestalt aus der Färingersaga, und sein Begleiter jedoch nicht aus, eher wie zwei simple Burschen mit Seppelhüten. Ihre großen Augen, roten Wangen und der Halsschmuck lassen sie etwas feminin erscheinen. *Herrin und Fremdling* heißt ein weiteres Motiv: Die blonde Frau mit Helm mustert den „Fremdling" mit leicht erhobenem Haupt, sie schaut nicht unfreundlich. Voll Hingabe senkt er den Kopf vor ihr – eine hierarchische Begegnung, in der sich beide würdevoll in ihre Rollen fügen. Sein übergroßes Gesicht provoziert dazu, sich mit dem sensiblen Fremden zu identifizieren. Bevor in späteren Kriegsjahren wieder vor allem Blumen-, besonders Sonnenblumenbilder entstehen, malt Nolde 1940 drei Gemälde mit kleinen Burgen, Häusern und Monumenten, die in der Landschaft stehen und brennen. Was da wohl in Flammen steht:

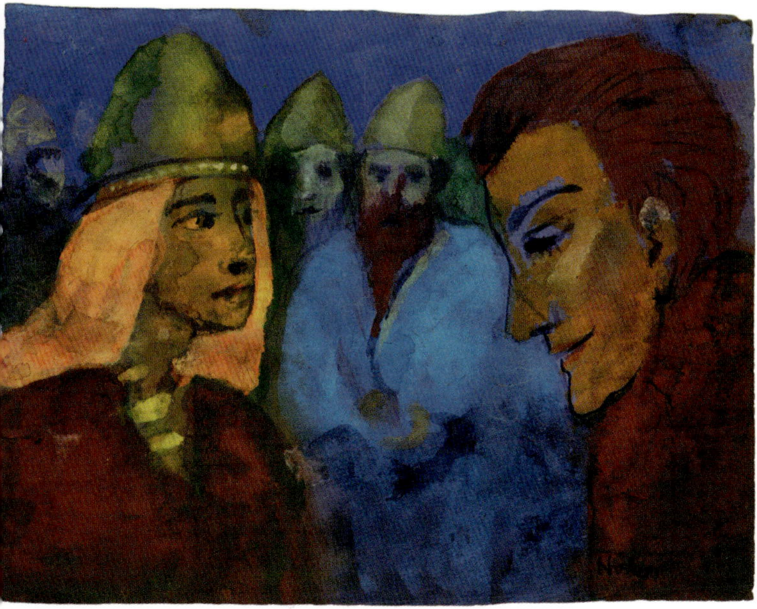

Herrin und Fremdling, o. Dat., Aquarell, 17,1 × 22,5 cm

Deutschland, die Welt, sein eigenes Schicksal? Gruppiert um ein Sonnenblumenbild zieren zwei dieser Gemälde die Stirnseite des Bildersaals in Seebüll, wo die Noldes auch wegen der Luftangriffe auf Berlin seit 1941 hauptsächlich wohnen. Der Soldat Dieter Hohly hat die Hängung im Winter 1942 dokumentiert: Bilder aus der „expressiven" Phase von 1903 bis 1918 fehlen, mit Ausnahme eines Madonnenmosaiks auch religiöse Motive.

Im August 1941 wird Nolde wegen „künstlerischer Unzuverlässigkeit" aus der Reichskunstkammer ausgeschlossen. Problematisch war nicht zuletzt, dass der „entartete" Künstler im Vorjahr rund 80 000 Reichsmark versteuert haben soll: ein Spitzenverdiener im NS-Staat. Nolde ist das erst unklar: Darf er nicht mehr malen? Er darf. Verkaufen und ausstellen, also

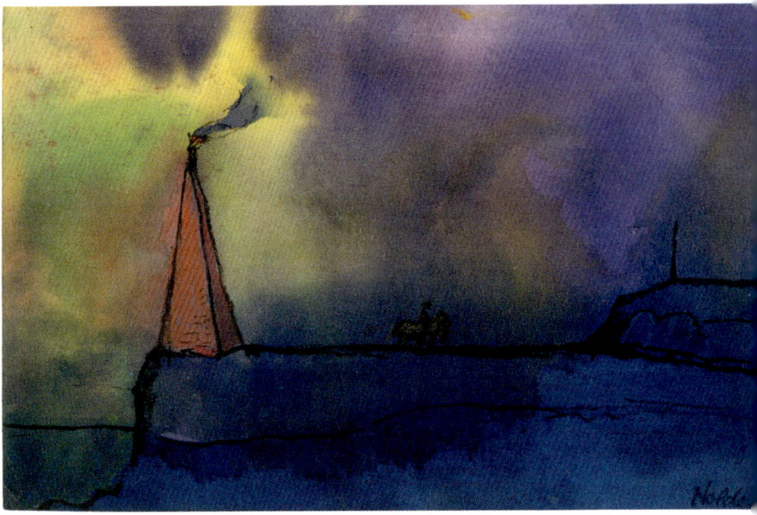

Das Heilige Feuer, vor/um 1940, Aquarell, 15,9 × 24,2 cm

beruflich zu praktizieren, ist allerdings verboten. Um einige Ecken fädelt der Schauspielstar Mathias Wieman – das Netzwerk ist bemerkenswert – ein Treffen mit Baldur von Schirach ein. *Das Heilige Feuer* ist eines der Aquarelle, die Nolde im Mai 1942 nach Wien mitnimmt. Er will den Reichsstatthalter überzeugen, sich für die Aufhebung seines Berufsverbots einzusetzen. Das Treffen kommt nicht zustande, die Bilder sollen von Schirach jedoch „tief bewegt" haben.

Auch unter Eindruck der antisemitischen Kriegspropaganda steigern sich Noldes Notate zum Weltgeschehen und seine Rolle darin im Winter 1943 zu drastischen Szenarien, in denen die „Räubermoral" über das „Erhabene u. Edle" zu triumphieren droht, in denen „schmunzelnde" Juden den „grausamen Krieg" antreiben und in denen er selbst als eine Art Messias erscheint: wissend, verkannt, unbeugsam.

Die späten Jahre

Das energische Eintreten für die Anerkennung ihres Mannes im NS-Staat war zehrend. Ada macht das Herz zu schaffen. Im März 1946 wird sie in Flensburg wegen schmerzender Beinvenen behandelt und fährt anschließend nach St. Peter (-Ording). Nolde ist an ihrer Seite, und während sie sich erholt, stürzt er sich in die Arbeit: Meeresaquarelle in vielfältigen Verläufen nass-in-nass gesetzter Farben entstehen – wunderschöne Blätter, in denen er die Elemente immer wieder neu kombiniert. In *Meer mit vier kleinen Dampfern* erscheinen Luft und Wasser als ein Kontinuum aus duftig leichten Gelb- und Rosatönen. Über den strichgleichen Schiffen breiten sich

Meer mit vier kleinen Dampfern, St. Peter, 1946, Aquarell, 22,6 × 28 cm (Detail auf Nachsatz)

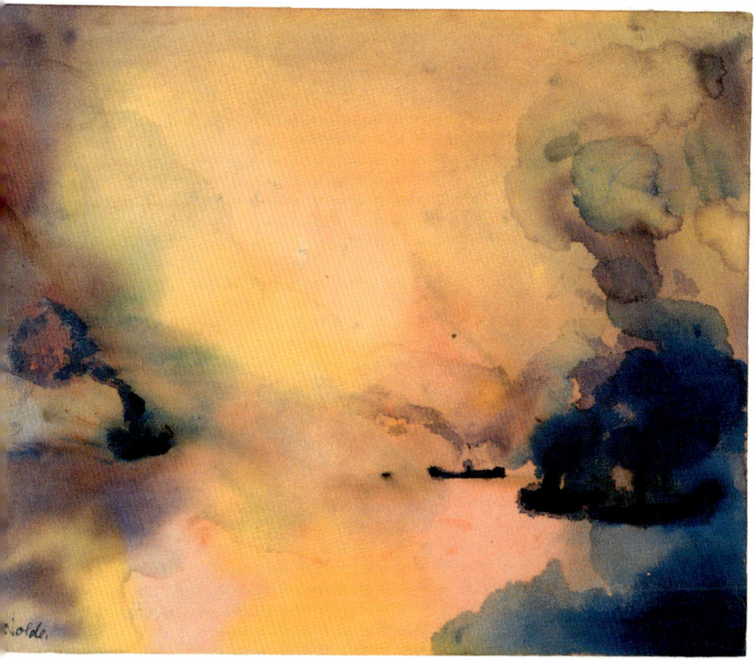

voluminöse blau-lilafarbene Wolken aus. Die rötlich leuchtenden Dampfwolken links im Bild folgen ihrem Rhythmus. Vor dem hellen Bildgrund sind die Ränder der lasierend aufgetragenen Farbflächen, die teilweise mehrfach aufeinanderliegen, gut zu sehen. Nolde hat seine Energie nicht verloren. Im August 1946 wird er vom Kieler Entnazifizierungsausschuss entlastet: Der Ausschluss aus der Reichskunstkammer und die Anzahl seiner beschlagnahmten Werke erscheinen als ausreichende Gründe. Kurz zuvor hat ihm die Landesregierung Schleswig-Holstein als „Wegbereiter einer neuen deutschen Kunst" die Ehrenprofessur verliehen. Eine Genugtuung ist das nicht zuletzt für Ada, wenn sie auch spät kommt. Am 2. November ereilt sie, während eines Krankenbesuches in Niebüll, plötzlich der Tod: Herzversagen. Bei der Bestattung steht Nolde Joachim von Lepel zur Seite. Der hat den Künstler schon als junger Mann verehrt und sich bereits als Nachlassverwalter ins Gespräch gebracht.

Viele Gemälde dieser Jahre – es sind insgesamt einige, die noch bis zu seinem Armbruch 1952 entstehen – gehen auf jene „kleinen tief innerlichen Bilder" zurück, die auch nach Kriegsende entstehen. Eines heißt *Huldigung* (1948) und zeigt die Gepriesene in hellorangem Kleid, mit vorgereckter Brust zwei in komplementärem Blau gewandeten Frauen entgegensehend. Sie verbeugen sich dicht an dicht, die Arme vor die Brust und das Gesicht haltend. Wer da wem die Treue verspricht, bleibt offen. Nolde schreibt derweil weiter an seinen Memoiren.

In seinen Bildern erscheinen viele Paare, junge Menschen und Momente familiären Miteinanders. Nach Adas Tod hat er sich sehr allein gefühlt. Am 22. Februar 1948 geht Nolde daher

Huldigung, 1947, Öl auf Leinwand, 86,5 × 67,5 cm

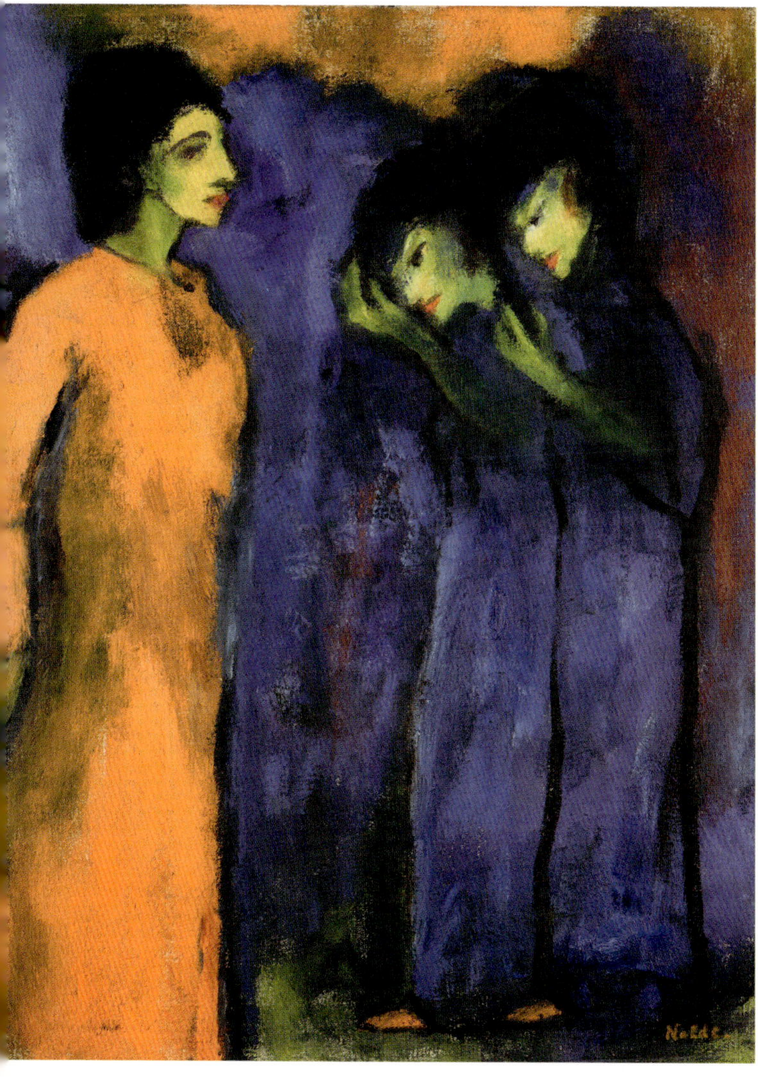

nochmals die Ehe ein: mit der erst 26 Jahre alten Germanistikstudentin Jolanthe, der hübschen Tochter des befreundeten Komponisten Eduard Erdmann und seiner Frau Irene. Am 13. April 1956 stirbt der Künstler in Seebüll.

Am 12. Juni desselben Jahres wird die Stiftung Seebüll Ada und Emil Nolde aufgrund einer testamentarischen Verfügung der Eheleute gegründet. Direktor wird Joachim von Lepel, auch das haben sie bestimmt. Die Rehabilitierung der im NS-Staat geächteten Moderne, besonders des Expressionismus, spielt eine wichtige Rolle in der kulturellen Identitätsfindung der jungen Bundesrepublik. Das Recht auf freie Entfaltung der Persönlichkeit ist im Grundgesetz verankert, ebenso wie die Freiheit der Kunst. Nach 1933 sind viele Künstler emigriert, etwa George Grosz oder Max Beckmann, viele haben versucht, sich zu arrangieren oder sind in die innere Emigration gegangen. Als positive Identifikationsfigur, als jemand, der unter den Nazis unbeugsam geblieben sein will, empfiehlt sich einer ganz besonders: Emil Nolde, der Künstler aus *Reisen, Ächtung, Befreiung,* dem letzten Band seiner Memoiren. Die unliebsamen Facetten des Malers werden ignoriert oder abgeschwächt. Manche rassistische oder antisemitische Bemerkung ist in der Neuausgabe der *Jahre der Kämpfe* von 1958 nicht mehr zu finden. Nachdem 1965 der dritte Band – *Welt und Heimat. Die Südseereise 1913–1918. Geschrieben 1936* – erschienen ist, veröffentlicht die Stiftung 1967 auch den erwähnten letzten Teil seiner Selbsterzählung, der die Zeit von 1919 bis 1946 behandelt. Nolde erscheint darin ausschließlich als Opfer nationalsozialistischer Verfolgung. Dass aus dem Berufs- ein „Mal- und Verkaufsverbot" wird, ist entscheidend für die Geschichte der „Ungemalten Bilder". Die meisten seien

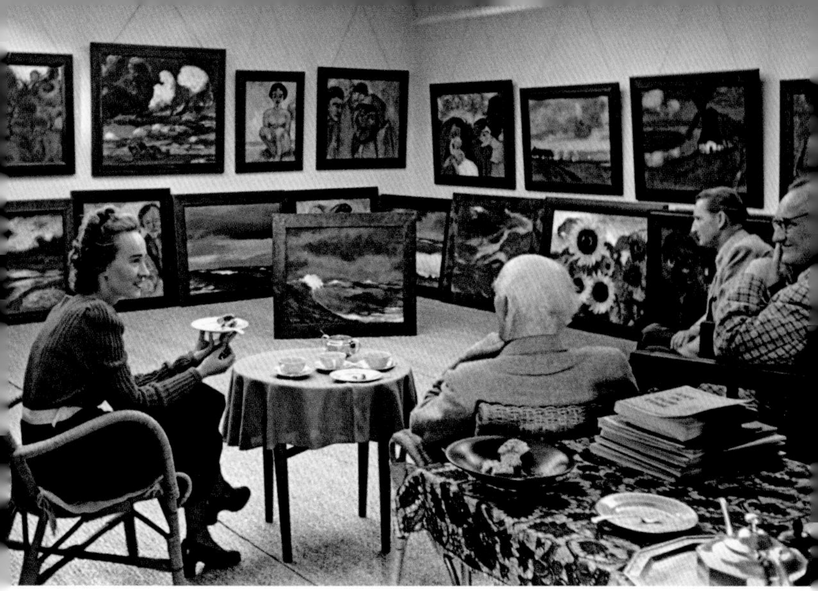

Emil Nolde mit seiner zweiten Ehefrau Jolanthe, Carl Hagens und Joachim von Lepel im Bildersaal von Haus Seebüll, um 1948, Archiv der Nolde Stiftung Seebüll

in „einem verschwiegenen entlegenen Hauswinkel während der Jahre meiner Ächtung entstanden", schreibt Nolde, und dies geht einher mit seiner dramatisierten Darstellung der Gestapobesuche. Albert Freisdorff war im Winter 1940/41 tatsächlich zweimal in Seebüll, jedoch vor Aussprache des Berufsverbots und auch nicht im Rahmen von Kontrollen. Noch vor Erscheinen des Buches wird diese Geschichte weiter ausgemalt und zu einer Art Akt künstlerischen Widerstands überhöht. So schildert es etwa Werner Haftmann, der 1958 eine Nolde-Biografie im Auftrag der Stiftung vorgelegt hat und die „Ungemalten Bilder" 1963 mit einer Auswahl von Noldes Aphorismen, den *Worten am Rande,* herausgibt. In der Retrospektive im Museum of Modern Art werden die Blätter vor schwarzen Wänden in Szene gesetzt, 1964 etwa auch auf der *documenta III* in Kassel präsentiert. Die Presse liebt die „Nolde-Aquarelle aus der Verbotszeit".

Emil Nolde, Seebüll, 1955,
Archiv der Nolde Stiftung Seebüll

Bereits 1947 hatte Adolf Behne Nolde anlässlich einer Ausstellung einen „entarteten ‚Entarteten'" genannt. 1963, als drei seiner religiösen Bilder im Jewish Museum gastieren, wird die Kritik am „wüsten Nazi" lauter. Haftmann, selbst ehemaliges NSDAP-Mitglied und mitverantwortlich für die ersten documenta-Ausstellungen, gerät in Erklärungsnot. Er habe, schreibt er Bernhard Sprengel, einem Mitglied des Stiftungskuratoriums, Noldes „Nazi-Vergangenheit" verschwiegen. Von Lepel habe ihn beschworen und, ja: „Schließlich tat ich's, weil so etwas ja nichts mit dem Maler zu tun hat. Die Sache scheint inzwischen bereinigt."

Lässt sich das Werk von seinem Autor trennen? Walter Jens berührt die Frage 1967 in seiner Festrede zu Noldes 100. Geburtstag abermals und auch seine Antwort lautet ja, denn: „Der Versuch, den Künstler vor dem gefährlichsten Zugriff, der Eigen-Deutung, zu schützen, ist gerade im Fall Nolde eher ein Akt der Pietät als dreiste Indezenz [...]."

„Eigen-Deutung" meint den „faschistisch verfälschten" Künstler, aber auch den „genialen Visionär", der er angeblich war. Gelten soll das Werk, das den Nazis so „bedrohlich" schien.

Mit Siegfried Lenz' Roman *Deutschstunde,* der erstmals 1968 erscheint, verankert sich das Bild des Künstlers, der durch seine Arbeit Widerstand leistet, vollends im kollektiven Bewusstsein: „Rugbüll", hoch im Norden, 1943: Der Polizist Jens Ole Jepsen soll das Malverbot Max Ludwig Nansens überwachen, der trotzdem weitermalt: eben seine „unsichtbaren Bilder" – die Parallelen zu Noldes Geschichte sind deutlich. Jepsens Sohn Siggi soll dem Vater helfen, hegt jedoch solche Sympa-

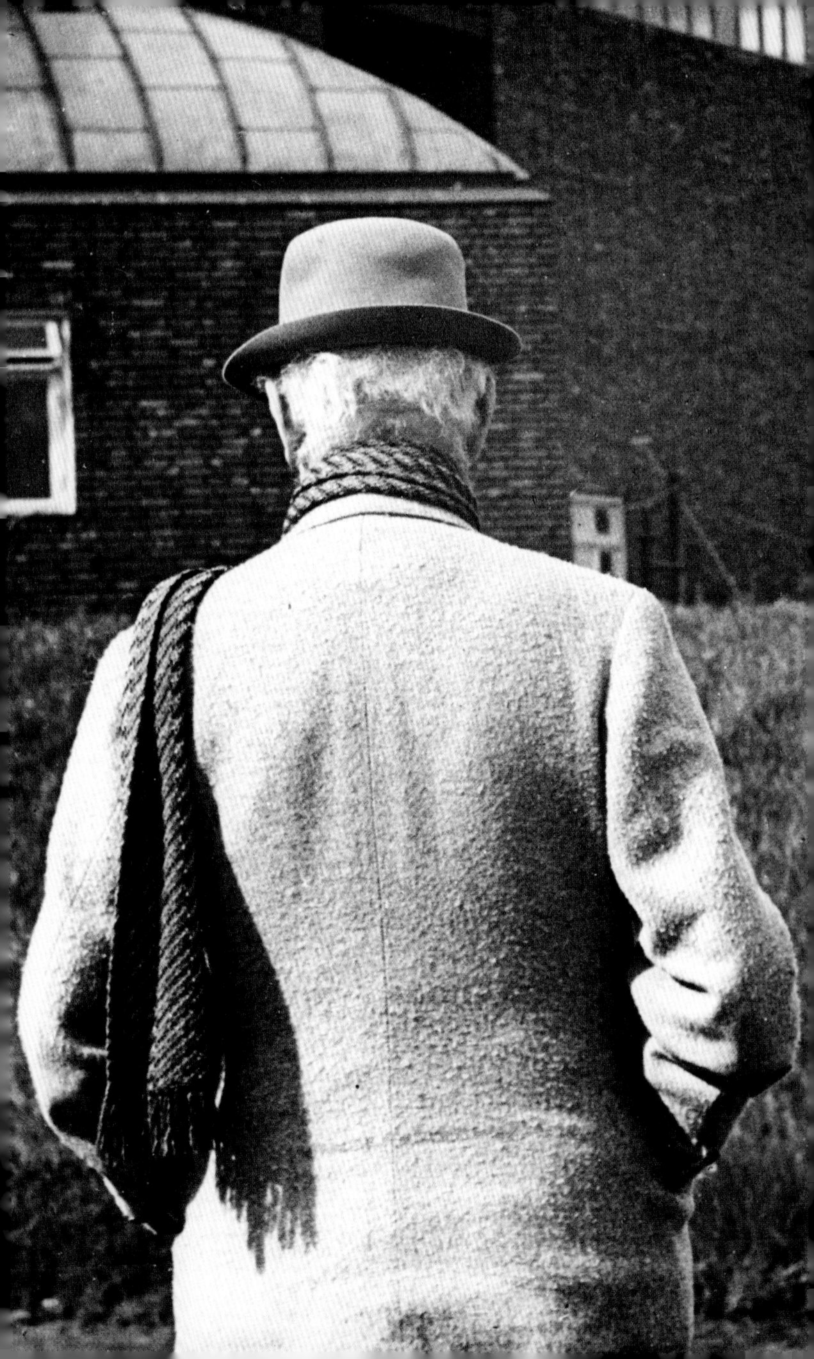

thie für den alten Maler, dass er dessen Bilder noch nach dem Krieg vor dem Vater schützen will und dafür sogar stiehlt. Er muss eine Jugendstrafe absitzen und in jener Deutschstunde einen Aufsatz über die „Freuden der Pflicht" schreiben: Dies ist der Aufhänger eines der wichtigsten deutschen Nachkriegsromane. Er handelt von Pflicht, Moral und Schuld, von Individualität und der Freiheit der Kunst – ein fesselnder Stoff, eine im Grunde gute Geschichte, aber eben keine Nolde-Biografie. Wer Emil Nolde wirklich war, wird heute genauer und differenzierter betrachtet.

Die Skala der Farben und eine leere Leinwand waren mir wie ein Kampf gegeneinander, und nur, wenn ein Bild ganz gelungen war, waren Leinen, Farben und ich selbst glücklich, – so schien es mir.

Emil Nolde: *Jahre der Kämpfe*, Berlin 1934, S. 95.

* **IMPRESSIONISMUS** *Stilrichtung, die Mitte des 19. Jahrhunderts von Frankreich ausging. Das Sehen wurde nicht mehr als etwas fertig Gegebenes, sondern als Prozess begriffen: Die nuancierte Wiedergabe einzelner Farbwirkungen und Lichtreflexe vermittelt die Flüchtigkeit des visuellen Eindrucks („impression"). Der spontane Charakter der Darstellung wird zusätzlich oft durch eine ausschnitthafte Wiedergabe betont. Entsprechende Bedeutung erhält die Arbeit vor dem Motiv („sur le motif") und unter freiem Himmel („en plein air").*

---

* **SYMBOLISMUS** *Stilrichtung des ausgehenden 19. Jahrhunderts, in der sich die Künstler auf der Suche nach seelischer Tiefe verstärkt mit symbolisch aufgeladenen Bildinhalten befassten. Das Interesse am Rätselhaften, Mystischen oder Grotesken war eine Reaktion auf die gegenwarts- und alltagsbezogenen Themen des Realismus. Ein weiterer Reibungspunkt war der aufkommende, an äußeren Erscheinungen orientierte, Impressionismus.*

---

* **LANDSCHAFTSMALEREI** *Im 17. Jahrhundert rangierte die Landschaftsmalerei in der Gattungshierarchie der französischen Académie royale de peinture et de sculpture nach der Historie, dem Porträt und der Genremalerei an vorletzter Stelle vor dem Stillleben. Die in der Aufklärung neu gewonnene Sensibilität gegenüber der Natur sorgte Anfang des 19. Jahrhunderts für eine Aufwertung des Themas.*

* **KUNSTVEREIN** *Die Beschäftigung mit der Kunst und das Sammeln derselben war jahrhundertelang dem Adel und dem Klerus überlassen. Im 19. Jahrhundert schuf sich das aufstrebende Bürgertum durch die Gründung von Kunstvereinen die Voraussetzung für die eigene Teilhabe an der bildenden Kunst. Bis heute vermitteln Kunstvereine zwischen Kunstinteressierten, potenziellen Käufern und Künstlern.*

---

* **(ÄTZ-)RADIERUNG** *Bei der Ätzradierung wird eine Metallplatte mit einem säurefesten Grund überzogen, in den die Hand relativ frei hineinzeichnen kann. Im Säurebad werden die eingeritzten Linien dann in das Metall geätzt. Der Vorgang kann für jede Tonstufe wiederholt werden: kurzes Ätzen für zart druckende, helle Bildbereiche, die danach säurefest gemacht werden, gefolgt von immer längeren Säurebädern für zunehmend dunkle Stellen. Diese Technik wird zuweilen mit der Kaltnadelradierung kombiniert, bei der die Linien mit einer Stahlnadel direkt in die Platte geritzt werden. Das an den Rändern aufgeworfene Plattenmaterial bildet die charakteristischen Grate, die nach dem Druck als weichere Tonstufen erscheinen.*

---

* **AQUARELL** *Materialtechnologische Untersuchungen haben ergeben, dass Nolde die stark wasserlöslichen, entsprechend transparenten Aquarellfarben häufig mit anderen Malmitteln kombiniert hat: neben Tinten und Tuschen auch mit stärker deckenden, folglich matter wirkenden Gouache- oder Temperafarben. Durch ihre Farbigkeit, Textur und Saugfähigkeit tragen auch die Papiere zum Erscheinungsbild bei. Neben Büttenpapier setzte Nolde ab den 1910er-Jahren vor allem das transparente Japanpapier ein, das von markanten Fasern durchzogen und extrem saugfähig ist.*

Literatur

Autobiografie

Emil Nolde: *Das eigene Leben. Die Zeit der Jugend 1867–1902*, hrsg. v. der Stiftung Seebüll Ada und Emil Nolde, Köln 2002 (8. Auflage) [Berlin, 1931, 2., überarb. Auflage Flensburg 1949].

Emil Nolde: *Jahre der Kämpfe*, Berlin 1934.

Emil Nolde: *Jahre der Kämpfe. 1902–1914*, hrsg. v. der Stiftung Seebüll Ada und Emil Nolde, Köln 2002 (7. Auflage) [Berlin 1934, 2., überarb. Auflage Flensburg 1958].

Emil Nolde: *Welt und Heimat. Die Südseereise 1913–1918. Geschrieben 1936 von Emil Nolde*, hrsg. v. der Stiftung Seebüll Ada und Emil Nolde, Köln 2002 (4. Auflage) [Köln 1965].

Emil Nolde: *Reisen, Ächtung, Befreiung. 1919–1946*, hrsg. v. der Stiftung Seebüll Ada und Emil Nolde, Köln 2002 (6. Auflage) [Köln 1967].

Werkverzeichnisse

Gustav Schiefler: *Emil Nolde. Das graphische Werk*, bearb. und mit Abbildungen versehen v. Christel Mosel, ergänzt und Vorwort v. Martin Urban, Bd. 1 u. 2, hrsg. v. der Stiftung Seebüll Ada und Emil Nolde, überarb. und ergänzte Neuauflage, Köln 1995 und 1996 [1966/1967].

Martin Urban: *Emil Nolde. Werkverzeichnis der Gemälde*, Bd. 1: 1895–1914 und Bd. 2: 1915–1951, München 1987 und 1990.

Ausstellungskataloge

Emil Nolde. Eine deutsche Legende. Der Künstler im Nationalsozialismus, Bd. 1: Essay- und Bildband, Bd. 2: Chronik und Dokumente, hrsg. von Bernhard Fulda, Aya Soika und Christian Ring für die Nationalgalerie der Staatlichen Museen zu Berlin und die Nolde Stiftung Seebüll, München u.a. 2019.

Emil Nolde und das Meer / and the Sea, hrsg. von Ulrike Wolff-Thomsen, mit Texten von Sabine Schlenker, Ausst.-Kat. Museum Kunst der Westküste, Alkersum/Föhr, Köln 2018.

Emil Nolde. Die Grotesken, hrsg. v. Ulrich Luckhardt, Christian Ring, Ausst.-Kat. Internationale Tage Ingelheim zu Gast im Museum Wiesbaden, Buchheim Museum, Bernried, Berlin 2017.

Nolde in Hamburg, hrsg. v. Karin Schick, Christian Ring und Hubertus Gaßner, Ausst.-Kat. Hamburger Kunsthalle, München 2015.

Emil Nolde und die Südsee, hrsg. von Ingried Brugger, Johann Georg Prinz zu Hohenzollern und Manfred Reuther, Ausst.-Kat. Kunstforum Bank Austria Wien; Kunsthalle der Hypo-Kulturstiftung, München; Stiftung Seebüll Ada und Emil Nolde, Neukirchen, München 2001.

Emil Nolde. Druckgraphik, hrsg. von Magdalena M. Moeller und Manfred Reuther, Ausst.-Kat. Brücke-Museum Berlin, München 1999.

Weitere Literatur

Ada Nolde „meine vielgeliebte": Muse und Managerin Emil Noldes, hrsg. von Astrid Becker und Christian Ring, München 2019.

Emil Nolde 1867–1956. Der Künstler im Nationalsozialismus, hrsg. von Christian Ring, Nolde Stiftung Seebüll, Seebüll 2019, Onlineressource verfügbar unter: https://www.nolde-stiftung.de/wp-content/uploads/Nolde_Biografie.pdf

Emil Nolde. Glühender Farbenrausch. Aquarelle, Tusche- und Kreidezeichnungen, hrsg. von Astrid Becker und Christian Ring, Nolde Stiftung Seebüll, Köln 2018.

Kirsten Jüngling: *Emil Nolde. Die Farben sind meine Noten*, Berlin 2017.

Die Zitate

wurden aus Noldes vierbändiger Autobiografie entnommen, beim 2. Band (*Jahre der Kämpfe*) aus der Originalausgabe.

Zitiert wurde ferner nach:

Ada Nolde „meine vielgeliebte": Muse und Managerin Emil Noldes, hrsg. von Astrid Becker und Christian Ring, München 2019.

Emil Nolde. Eine deutsche Legende. Der Künstler im Nationalsozialismus, Bd. 1: Essay- und Bildband, Bd. 2: Chronik und Dokumente, hrsg. von Bernhard Fulda, Aya Soika und Christian Ring für die Nationalgalerie der Staatlichen Museen zu Berlin und die Nolde Stiftung Seebüll, München u.a. 2019.

Emil Nolde, Druckgraphik. Aus der Sammlung der Nolde Stiftung Seebüll, hrsg. von Magdalena M. Moeller und Manfred Reuther, Ausst.-Kat. Ulmer Museum, Sinclair-Haus, ALTANA Kulturforum, Bad Homburg v. d. Höhe, München 2003.

Martin Urban und Manfred Reuther: *Emil Nolde. Graphik. Aus der Sammlung der Stiftung Seebüll Ada und Emil Nolde*, Flensburg 1975.

Emil Nolde. Briefe aus den Jahren 1892–1926, hrsg. von Max Sauerlandt, Hamburg 1967.

Standorte der abgebildeten Werke

Cover, S. 65: Hamburger Kunsthalle

Vorsatz, S. 10, 14, 16, 20, 21, 22, 25, 27, 32, 34, 35, 36, 39, 42, 43, 53, 54,55, 56, 60, 61, 62, 67, 79, 81, 82, 83, Nachsatz: Nolde Stiftung Seebüll

S. 50, 85: Privatsammlung

S. 40: Statens Museum for Kunst, Kopenhagen

S. 63: Museum Kunst der Westküste, Alkersum/Föhr

S. 29 li, 66: Nationalgalerie, Staatliche Museen zu Berlin

S. 74: Bayerische Staatsgemäldesammlungen – Sammlung Moderne Kunst in der Pinakothek der Moderne, München

S. 76: Detroit Institute of Arts, Detroit

S. 48: Itten-Archiv, Zürich

S. 29 re: Stiftung Stadtmuseum Berlin

Impressum

Konzeption der kleinen Reihe
Martina Padberg

Verlagslektorat
Thomas Hauffe

Redaktion
Rosa Baumgartner

Satz und Gestaltung
Christian Padberg

Gesamtherstellung
Wienand Verlag

Printed in Germany

Erschienen im
Wienand Verlag
www.wienand-verlag.de
Weyertal 59, 50937 Köln

ISBN 978-3-86832-572-0

Umschlagabbildungen
Einband: Emil Nolde *Meeresbrandung*, 1915 (Ausschnitt); Vorsatz: *Herbstmeer*, 1910 (Ausschnitt); Nachsatz: *Meer mit kleinen Dampfern, St. Peter*, 1946 (Ausschnitt)

Gefördert vom
Verein zur Förderung von Kunst, Buchkultur und Medien e.V.

Bibliografische Information der Deutschen Nationalbibliothek
Die Deutsche Nationalbibliothek verzeichnet diese Publikation in der Deutschen Nationalbibliografie; detaillierte bibliografische Daten sind im Internet über http://dnb.de abrufbar

WIENAND'S
KLEINE REIHE
DER KÜNSTLER-
BIOGRAFIEN

96 Seiten
12,95 €

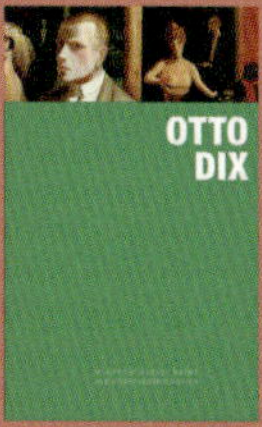

978-3-86832-571-3

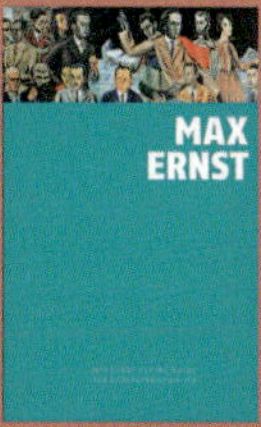

978-3-86832-539-3

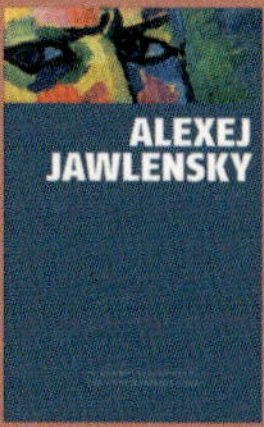

978-3-86832-286-6

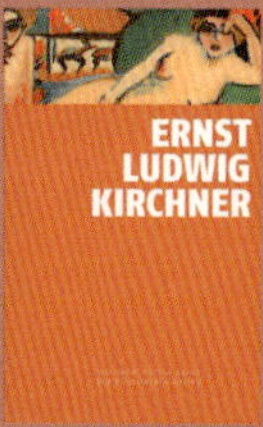

978-3-86832-389-4

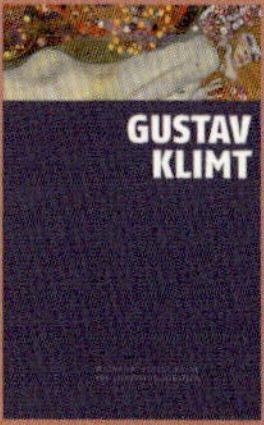

978-3-86832-387-0

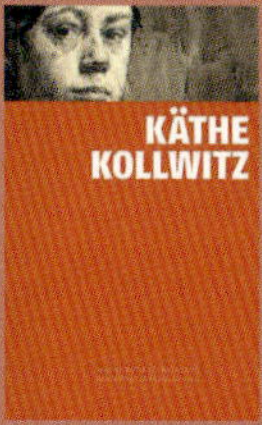

978-3-86832-285-9

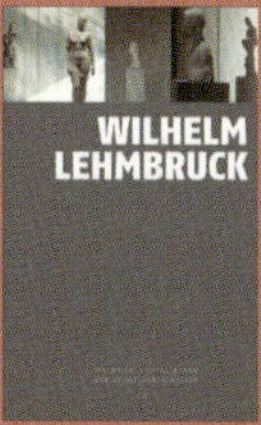

978-3-86832-388-7

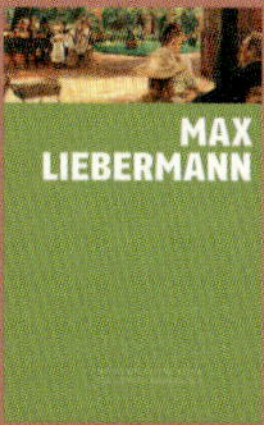

978-3-86832-373-3

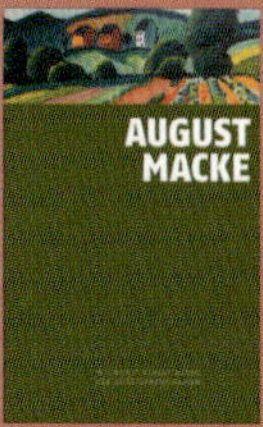

978-3-86832-208-8

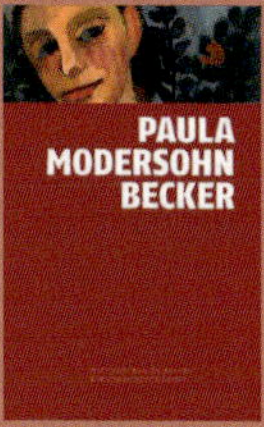

978-3-86832-210-1

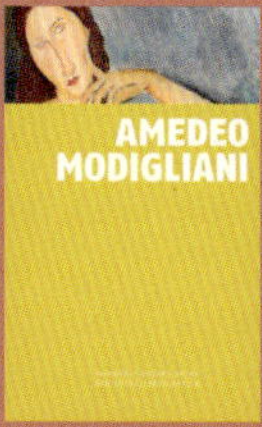

978-3-86832-574-4

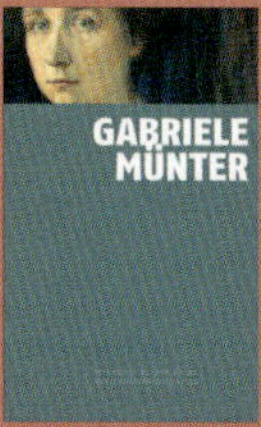

978-3-86832-372-6

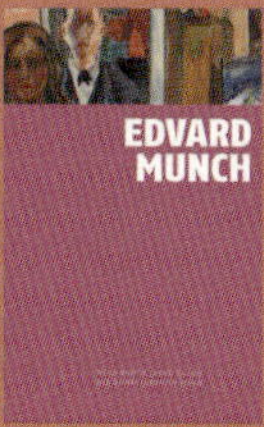

978-3-86832-598-0

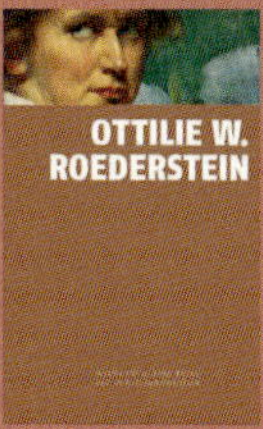

978-3-86832-637-6

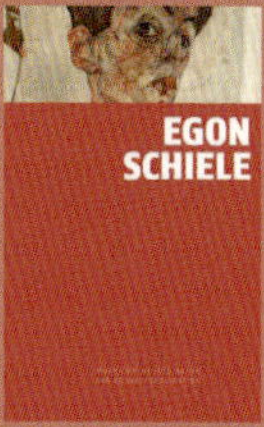

978-3-86832-374-0

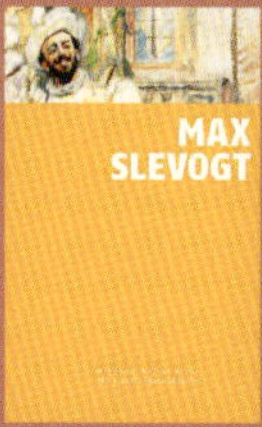

978-3-86832-442-6

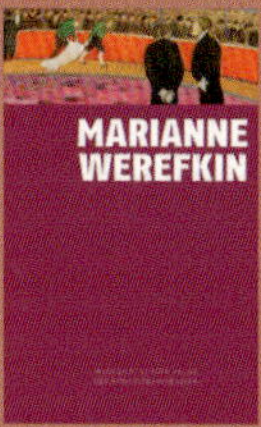

978-3-86832-540-9

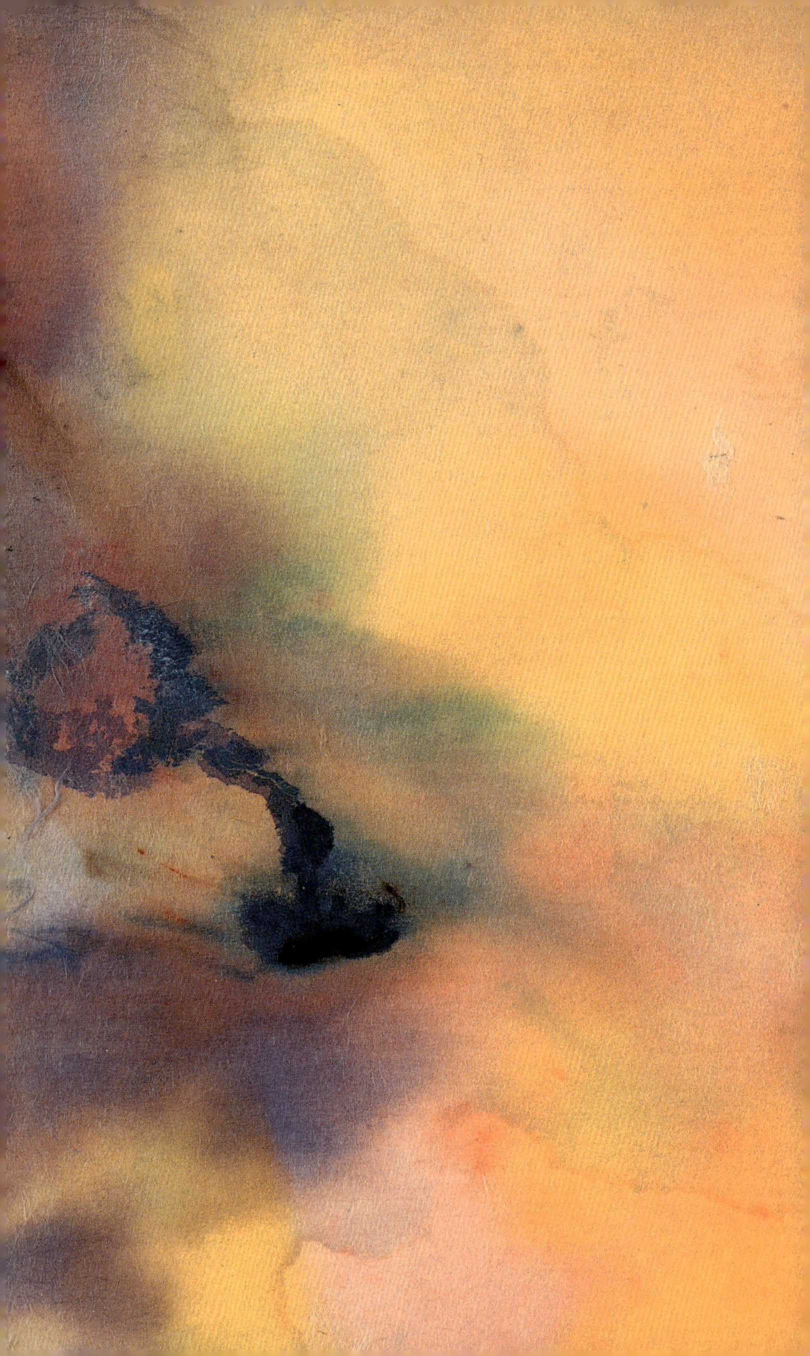